提高学习成绩的记忆法

张珍◎著

中国纺织出版社有限公司

内 容 提 要

对于学生而言，“记不住”是最为烦恼的问题，如何记得快、记得牢，成了学生们最想要知道的事情，家长和老师们也一直在苦苦探寻更有效的记忆方法。

本书从实用的角度出发，帮助学生找到提升记忆力的方法。按照本书这些记忆方法去做，能让你轻松记住各学科知识，轻松学习，进而提升成绩，体会“名列前茅”的乐趣。

图书在版编目（CIP）数据

提高学习成绩的记忆法 / 张珍著. --北京：中国纺织出版社有限公司，2021.4

ISBN 978-7-5180-8080-9

Ⅰ. ①提… Ⅱ. ①张… Ⅲ. ①中小学生—记忆术—学习方法 Ⅳ. ①G632.46

中国版本图书馆CIP数据核字（2020）第208385号

责任编辑：张　羽　　责任校对：高　涵　　责任印制：储志伟

中国纺织出版社有限公司出版发行

地址：北京市朝阳区百子湾东里A407号楼　邮政编码：100124

销售电话：010—67004422　传真：010—87155801

http://www.c-textilep.com

中国纺织出版社天猫旗舰店

官方微博http://weibo.com/2119887771

三河市延风印装有限公司印刷　各地新华书店经销

2021年4月第1版第1次印刷

开本：710×1000　1/16　印张：13

字数：118千字　定价：39.80元

凡购本书，如有缺页、倒页、脱页，由本社图书营销中心调换

前言

任何一个学生最关心的莫过于学习了，在学习中，重要的一点就是记忆。毋庸置疑，记得牢才能学得好，然而，记忆力差是困扰很多学生的问题，我们经常看到一些学生苦恼：

“我学习非常用功，可就是记东西记不住，老是学了后面忘了前面，有什么好方法没有？”“我每次考试之前都把一些复习资料背得滚瓜烂熟，可进了考场就连简单的问题都想不起来，白丢分！有什么好方法没有？”

其实，那些有“记忆”问题的学生并不是不努力，他们之中，有的发奋刻苦，晚睡早起，有的甚至挑灯夜战。虽然如此，但成绩还是上不去。

要想解决这一问题，我们先要找到问题的根源，方能对症下药。教育专家调查发现，那些学生普遍存在两个问题：

第一，上课的时候对老师讲的东西记不住；第二，考试的时候简单的问题想不起来。是什么原因导致这些学生“记不住”和“想不起”呢？是他们笨吗？是他们不用心吗？是他们不够努力吗？还是他们没有掌握好的记忆方法？

答案是后者，盲目记忆、缺乏计划，是很多学生“记不住”的重要原因。反过来，那些记忆力好的学生都有一套自己的记忆秘诀。当然，每个人的秘诀不同，但我们能将其总结，形成经验，而本书就是这样一本学生中的记忆达人的经验汇总。

本书语言通俗、切合实际、易于操作、快速见效，在本书中，你将学到快速提升记忆力的方法及技巧，来记住那些在日常学习中你想要记忆的资料，比如英语单词、文言文、化学分子、长串的数字、地理位置等，善用这些方法与技巧，你将能提升大脑的记忆能力，轻松学习，还可以增强学习自信心和学习效率，进而轻松应对考试，提高成绩。

作者

2020年10月4日

目录

第1章

学习离不开记忆：你为什么总是学习困难

对于学生而言，要想提高学习成绩，就要记住知识，然而，想要做好学习的记忆工作，是要下一番功夫的。单纯地注重即时的记忆效果，而忽视后期的保持和再认，是达不到良好的效果的。因此，教育专家建议学生，先要掌握一定的记忆理论知识，了解我们的大脑是怎么工作的，并找到自己的最佳记忆模式，这样才能开启自己的超强记忆能力，牢牢记住知识点。

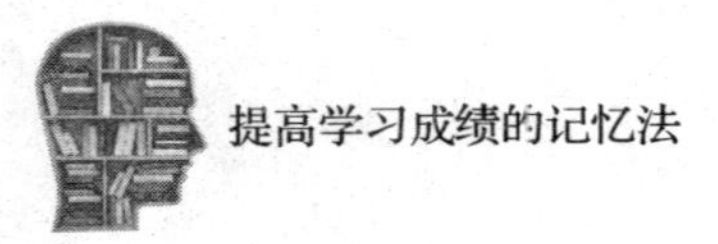

要想学习好，就必须重视记忆的作用

对于任何一个学生来说，最重要的任务是什么，毋庸置疑，答案是学习！学习是我们获取知识的重要途径。如何获取好的学习方法以提升学习效率，是每个学生都在探寻的问题。学习包括很多方面，其中就包括记忆。

所谓记忆，指的是经历过的事物在头脑中保持和重现的心理过程。有没有记住，主要看能不能再认，能不能回忆和能不能重复做。记忆是一个复杂的系统工程，“记”和“忆”是两个不同的过程，记是把知识输入并存储到大脑的过程，忆是从大脑中调取并输出所需信息的过程。学生学习知识，不仅要将知识记在脑海中，更要能运用知识，这就更强调记忆的重要性。

可以说，任何人要想获得知识，都离不开记忆。记忆是人类获得知识和改造世界的基础，是人类智力活动的一个重要组成部分。每个正常人都具有记忆的条件和能力，都天天在和记忆打交道，都在自觉或不自觉地记忆。人脑是世界上最大的图书馆。一生孜孜不倦学习的人，其大脑存储的知识相当于美国国家图书馆的50倍。

记忆在学习中起着至关重要的作用。无论是间接接受知识或直接积累个人经验，都离不开记忆。同时，记忆离不开人们认识客观事物、改造客观世界的实践活动。提高记忆力的关键是实践。不同年龄的人宜采用不同的记忆方法，不同的记忆内容可采取不同的记忆方法，不同的环境条件下应采取不同的记忆方法。

例如，在答一道选择题时，我们还没有看到答案，答案就已经在我们的大脑中呈现了，一看到下面选项我们马上就能选出答案。其实，这是因为记忆被唤起了。我们将辨认已经认识的某种事物的现象叫再认，而经历过的事情或认识过的事物，在没有提示的情况下就能再现的现象，就是回忆。

在学习中，需要唤起记忆的情况比比皆是，比如背单词、文言文，或是记物理公式、数学定理等。

法国作家伏尔泰说："人，如果没有记忆，就无法发明、创造和联想。"记忆在学习中的作用更是毋庸置疑的，无论学习哪门学科，都涉及到记忆。具体地说，记忆在学习中的作用主要有以下几点：

1.新知识的学习是建立在掌握旧知识的基础上的

学习这一过程就像建造房子，建造房子需要从建地基开始，我们学习知识也需要由易到难，由浅入深，由简单到复杂，循序渐进。

老师在每节课结束后都要求学生回去继续复习，这正是为了让学生掌握旧的知识。只有将旧知识掌握牢固，才能学习好新的知识。一位捷克教育家说："一切后教的知识都是建立在先教的知识的基础上的。"可见，记住先教的知识对继续学习有多么重要。一个学生假如没有掌握好先教的知识，就难以掌握后教的知识。比如，一个初中化学都没学好的学生是很难学好高中化学的。

2.思考问题离不开记忆

在学习中，解答任何一道题，都需要记忆。一旦离开了记忆，思考就无法进行，问题也自然解决不了。

比如，你在做一道数学题时，需要证明某个论点正确，但是却将判定公理或者定理忘记了，那自然就无法解这道题了。

思考是需要建立在概念的基础上的，而概念是需要记忆的。很多情况下，思考无法进行，往往是因为我们忘记了概念，而在翻找到概念以后，思考便又能继续进行。已经在头脑中被感知过的事物如果不能再现，那么，思考时也自然无据可依了。

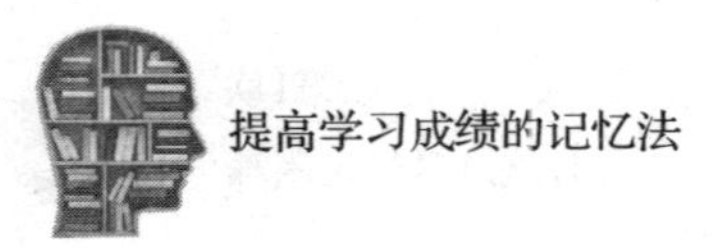

3.提升学习效率更需要记忆

记忆能力强的人能在头脑中建立一个“数据库”。这个“数据库”蕴藏了很多有价值的信息。在新的学习活动中，当需要某些信息和知识时，他们就能把它们从“数据库”中调出来，从而保证学习和思考活动顺利且快速进行。可见，如果你想提高学习成绩，想真正获得知识，你就必须要重视记忆的作用。

不过，作为学生，你要明白的是，记忆绝对不是对知识的死记硬背。随着学习程度的加深，死记硬背更不能提升你的学习效率和效果。如果到了高中了，你还是用这种最原始的死记硬背的方法，除非你是天生的记忆天才，不然是没办法记得住那么多知识点的，要知道，单独一个高中历史教材就有上百万字，知识点有上千个。

在学习中很重要的一个部分就是知识的输出。不少学生在记住了一个知识点后，就认为万事大吉了，但是一到考试就记不起来或者无法灵活运用，这就是对知识的输出能力差的表现。要做好知识的输出，关键是要不断复习。知识输入只占整个记忆过程的30%，还有70%是需要通过复习完成的，一个学生如果只完成了前面的30%的工作，而忽略了后面的70%，他记忆的效果自然不会理想。

总的来说，任何一个学生，都要重视记忆的作用并且找到适合自己的最佳的记忆方法，才能提升学习效率，获得好的学习成绩。

我们的大脑是如何储存信息的

有人说，人的大脑虽然只有大约1375克，但所能存储的信息和数据的量却是惊人的，它的储存能力简直能与一万台计算机相媲美。人的大脑是

个微妙的智能器官，它是由很多的神经细胞组成的，且每个细胞之间存在着一定的连接，使信息能够得到传递。那么，我们的大脑是如何储存信息的呢？

关于这一点，著名的多伦多病童医院研究所科学家、多伦多大学生理学助理教授保罗·弗兰克兰博士认为，“人脑的记忆多半是通过海马体进行的，不过，这些只能成为短期记忆，而短期记忆要成为长期记忆，则需要在前扣带脑皮质中得到存储。我们认为海马体和大脑皮质之间存在着活跃的信息交流，这两个区域之间所进行的记忆传递工作能持续数周，甚至在人睡觉的时候也在进行。”

记忆是一种体验的积累，这是我们毋庸置疑的一点，但对于记忆是如何被大脑储存的这一点，我们却并不清楚。不过，神经学专家认为，我们已经找到了解答这一问题的突破口，这对于我们研究记忆以及开发对于记忆混乱的治疗方案将大有裨益。

从弗兰克教授的总结中，我们可以得出一些关于大脑信息储存的知识：储存近期记忆的是海马体。而长期记忆是在前扣带脑皮质中得到存储的。

那么，什么是海马体？

所谓海马体，又名海马回、海马区、大脑海马，主要负责学习和短期记忆的储存。在我们的生活中，一些信息如某件事情、某人的电话号码或者地址等，都会被存入海马体中成为短期记忆，而当这些信息被重复记忆的时候，就会自动转入大脑皮层，成为长期记忆。

可见，在记忆的过程中，海马体充当的是转换站的角色。当我们大脑的神经元接收到信息时，它们会把信息传递给海马体。如果海马体有反应，神经元就会形成持久的网络，但如果海马体没有做出反应，那么脑部接收到的经验就会自动消失。

记忆的生成包括了两个过程：第一个是新记忆的形成，神经细胞之间的加固就是包含其中的；而另外一个就是回忆，在这一过程神经细胞或者神经细胞网络会被重新激化。随着人脑的发育成熟到老化，人脑的神经网络也逐渐改变。

新记忆的形成，一开始主要是靠海马体的神经细胞网络来完成，到了记忆后期，则需要大脑皮质的参与了。

人脑的思维形式有两种：一种是形式化思维，是人脑演绎能力的表现；另外一种是模糊性的思维。是人脑归纳能力的表现。

对于任何人，每个小时大约都有1000个神经细胞发生故障，一年内有近900万个神经细胞丧失功能，即使如此，我们的大脑也没有瘫痪，而能继续工作，最主要的原因，就是大脑有足够的“后备军”。一些神经细胞发生故障，另一些“备用”的神经细胞能马上顶替上来。

从人脑的工作原理中，科学家们获得了启发，从而发明了现在人们熟悉的计算机。可以说，这是20世纪最伟大的发明。计算机具有非凡的快速处理信息的能力，现代最快的计算机在1秒钟内能完成上亿次运算，这样的计算速度和计算过程的可靠性，是人工计算不可能达到的，且计算机还能模仿人的某些感觉和思维功能，代替人的部分脑力劳动。正因为这样，计算机受到了人们的高度重视，被称为“电脑”，而且在各个领域里得到了广泛的应用。

计算机总是按照人规定的程序进行工作的。在这些程序中，人要为计算机预见到一切可能发生的情况，并安排好计算机该如何作出反应。一旦出现了意料之外的情况，计算机也会晕头转向，束手无策。

最初，计算机的体积很大，它的元件和人脑细胞的数量一样多，每个元件的体积为1立方厘米，耗能为0.1瓦；众多的元件组装起来，其已经是1万立方米的庞然大物了，是大脑体积的600万倍，它所需要的能量高达100万千瓦，相当于一座现代化大型水电站的发电量。

因此，尽管电子计算机的才能非凡，神通广大，在某些方面远胜于人，但人脑仍然是世界上最完善的“天然计算机”。

总的来说，我们的大脑对于日常生活中得来的信息是通过分门别类来存储的，譬如物体和人脸就属于不同的类别，分别被存储于不同的脑区。记忆其实就是大脑神经细胞之间的连结形态。不过要储存或抛掉某些信息，却不是有意识的行为，而是由人脑中一个细小的构造——海马体来处理。

那些成绩优异者是天生记忆力强吗

在学习中，一些学生总是羡慕那些记性好的人，并且有这样的感叹：“为什么他的记忆力这么强，而我就是记不住知识呢？”“他应该是天生的记忆力强吧，真是令人羡慕。”的确，人的记忆力是不同的，对同一知识，有的人记得快，有的人记得慢，这是记忆的敏捷性不同；有的人记得长久，有的人忘得快，这是记忆的持久性不同；有的人记忆得准确无误，有的人丢三落四，这是记忆的准确性不同。对于这一点，学生的体验尤为深刻。对于老师在课堂上讲的同一知识点，有的学生不费吹灰之力就记在脑海中，使之成为自己的知识，有些人却总是记不住。那么，记忆力到底是不是天生的呢?

来自英国伦敦大学的麦克夸尔博士做了一个研究，研究的对象是获得过记忆比赛冠军的8位选手。

麦克夸尔博士发现，这些记忆比赛冠军的大脑与常人的大脑相比，并没有什么特殊的地方。

在著名的医学期刊《自然神经系统科学》上，麦克夸尔博士发表了她的研究成果。她认为：“一个人智力的高低或者大脑的结构，与其记忆力如何并没有决定性的关系。”

英国兰卡斯特大学的伊兰德尔博士在接受BBC新闻网的采访时说，这个研究结果与在这方面的其他研究结果相吻合。他说：“如果使用正确的方法，经常刻苦练习，记忆力一定会提高的。”

好的记忆力都是练出来的。世界级的记忆大师们也都是靠后天训练而培养出超级的记忆力。一般来说，比较有效的训练方法有三个：

1.速读法

又叫全脑速读记忆，速读法的基础就是快速阅读，一些人认为提升了阅读速度，阅读效果和记忆效果都会变差，其实不然，它们是相辅相成的，因为速读本就是让人在右脑建立图像记忆，而不是在左脑建立逻辑记忆。尝试过速读记忆训练的朋友都知道，阅读速度越快记忆越好。

2.图像法

又叫联结记忆术，图像法运用的也是右脑的图像记忆功能。这个方法是通过发挥右脑想象力来联结不同图像之间的关系，使不同的图像变成一个让人记忆深刻的故事，来实现超大容量的记忆。

3.导图法

又叫思维导图，思维导图是一个伟大的发明，不仅在记忆上可以让你大脑里的资料系统化、图像化，还可以帮助你思考、分析问题，统筹规划。

因此，我们可以说，记忆力非先天才能，而是后天努力的结果。对于学生而言，要想提高记忆力、提升学习成绩，就要有意识地下功夫，找到属于自己的最佳记忆方法。

了解遗忘的规律——艾宾浩斯遗忘曲线

有记忆就有遗忘。如何减少知识的遗忘速度，是很多学生都非常关心的问题。德国心理学家艾宾浩斯(H.Ebbinghaus)通过研究发现了人类大脑对新事物遗忘的规律。

那么，对于我们来讲，怎样才叫作遗忘呢？很简单，就是对曾经记忆过的东西我们不能再回想起来，或者产生记忆的错误或偏差，这都是遗忘。

在这个研究中，艾宾浩斯以自己为对象，让自己学习了一些根本没有意义的音节，也就是那些不能拼出单词来的众多字母的组合，比如asww，cfhhj，ijikmb，rfyjbc等。随后，他每隔一段时间就测试自己还能记住多少音节，测试数据如下：

时间间隔及记忆量

刚刚记忆完毕100%

20分钟之后58.2%

1小时之后44.2%

8~9小时之后35.8%

1天后33.7%

2天后27.8%

8天后25.4%

1个月后21.1%

然后，艾宾浩斯又根据了这些点描绘出了一条曲线，这就是非常有名的揭示遗忘规律的曲线。

这条曲线告诉人们在学习中，遗忘的速度在最初的阶段很快，后来会逐渐减慢并渐趋于零，即遵从“先快后慢”的原则。观察这条遗忘曲线，你会发现，学得的知识在一天后，如不抓紧复习，就只剩下原来的25%。随着时间的推移，遗忘的速度减慢，遗忘的数量也就减少。有人做过一个实验，两组学生学习一段课文，甲组在学习后不久进行一次复习，乙组不予复习，一天后甲组的记忆保持98%，乙组保持56%；一周后甲组保持83%，乙组保持33%。乙组的遗忘平均值比甲组高。

艾宾浩斯遗忘曲线背后的机理是这样的：输入的信息在经过人的注意后，便成为了人的短期记忆，但是如果不经过及时的复习，这些记住的东西就会被遗忘，而经过了及时的复习，这些短期记忆就会成为人的长期记忆，能在大脑中保持着很长的时间。

从艾宾浩斯的遗忘曲线中，我们可以得出一点，对于学生来说，在学习过程中，及时复习，可以抓住记忆的最好时机；经常自测，可以弄清哪些知识没学好、没记住，哪些地方容易混淆、有误差，以便马上核实校正。

记忆力差的原因有哪些

在学习过程中，不少学生感叹自己记忆力差、记不住知识，因此学习成绩总是上不去，为此，我们要先找到自己记忆力差的原因，方能对症下药。我们先来看看下面的案例：

小俊是班上的“大忙人”，他的时间似乎总是不够用。他的爸爸认为在未来社会中，语言能力很重要，于是，他没有征求小俊的意见就为小俊报了各种英语学习班，有口语班、听力班等，小俊没有了自己的时间，周六上午要去练口语，下午要听听力，还要做老师布置的课下作业，时间被排得满满的。

每当周末去培训班的路上，小俊看到同龄的孩子在自由玩耍的时候就特别羡慕。他多想和爸爸说他不喜欢那些培训班，但是看到爸爸陪他时的

辛苦，又难以开口。他觉得很压抑，生活得很不开心，这些培训班已经影响了他的正常学习。事实上，参加了这些培训班后，小俊的英语学习成绩并没有得到提高。因为学习压力大，他的记忆力受到了很大的影响，他发现，就连背单词，他也总是刚背过就忘记了。

这里，我们发现，影响小俊记忆力的因素就是过大的学习压力。可能很多人和故事中小俊的父亲一样，认为学习英语最好的方法就是勤奋、专注，只有勤奋练习，才能获得好成绩。而其实，我们都知道，学习英语最重要的是良好的记忆力。但如果压力过大，不但不能提升记忆力，还会起到反作用。另外，依照艾宾浩斯遗忘曲线，我们也应该明白，只有按照大脑的记忆规律，才能把输入的信息变成长期记忆。这就说明了，各种速成学习法是靠不住的，最多只能增加你的短期记忆。而如果每周的学习时间超过大脑可以负荷的学习时间，学习就会变得无效，被大脑遗忘。

那么，影响人的记忆力的因素有哪些呢?

我们作出了总结：

1.年龄

我们常常听到周围年长的人说："人老了，记性差了。"这句话是有科学道理的。影响记忆力的一个关键因素就是年龄。

其实，人进入中老年以后，随着年龄的增长，出现记忆力下降的现象，完全是一种很自然的生理规律。这与老年人大脑机能衰退有着密切的关系。

人进入中老年阶段以后，常有不同程度的脑动脉硬化、血管腔变窄的现象，而且随着年龄的增长，血液中的脂质成分含量逐渐增加，血液黏稠度增大，这使得血流速度减缓，血流量相应减少，造成与记忆有关的大脑颞叶、边缘系统和乳头体等部位血液和氧气长期供应不足，从而促使神经细胞皱缩、变性，导致记忆力减退；另外，随着年龄的增加，大脑中DHA

的含量逐渐下降，脑细胞数量和神经突触的数量不断减少，神经间信息传递的速度和质量下降，也会导致记忆力的减退。

因此，人到中老年以后，记忆力衰退是不可避免的生理规律。

但在同一个年龄段的人的记忆力也会因自身一些因素而出现较大的差异。

2.压力过大

严重的情绪危机和压力会对记忆力造成影响。

压力分为两种:一种是情绪压力，情绪可以是正面的愉快的，如开心或喜悦，也可能是负面的，如恐惧或愤怒。一个人的情绪假如无法得到释放，就可能会产生压力。另一种是生理压力，主要源于身体的某方面超负荷，如浮肿、暴饮暴食、过度工作等。

适度的压力可以促进记忆力的提高，轻微的压力比没有压力更能帮助人们发挥潜能。

3.睡眠

拥有充足的睡眠、保持清醒和睡眠的自然周期才是最可靠的长久促进记忆力发展的好办法。

睡眠可以解除大脑疲劳，同时让身体制造大脑需要的含氧化合物，为觉醒后的思维和记忆做好充分的准备。适度睡眠为记忆和创造提供了物质准备，尤其是快速眼动睡眠阶段，对促进记忆巩固起着积极的作用。而熬夜和过度睡眠都会损害记忆力。

4.不良嗜好

酒精对记忆有百害而无一利，它甚至可能因麻痹脑细胞而导致暂时性记忆丧失。

研究表明，吸烟会加速记忆力丧失。有吸烟习惯的中年人的记忆力受损更加明显。最新研究显示，烟瘾大的人，即一周抽上至少15根香烟的烟客，短期记忆与长期记忆都比常人差。

找到自己的最佳记忆模式

我们都知道，人的一生就是由很多记忆组成的。但记忆是个奇妙的东西，很多时候，我们希望记住的事物却常常被遗忘了，有些不经意的事物却被深深地刻在了我们的脑海中。而对于学生来说，好的记忆力能帮助他们更好地学习。然而，令很多学生头疼的是，他们的大脑似乎很健康，但总是记不住知识，这是因为他们没有找到适合自己的记忆模式。如果根据自己的记忆规律找到适合自己的记忆模式，他们是能牢牢记住知识的。

在同学们眼里，圆圆是个过目不忘的人，尤其在英语这门课程上，圆圆似乎什么单词都能记得住，不管老师头一天教了同学们多少个生词，第二天她总是能默写出来。

后来，在一次学习心得交流班会上，圆圆说出了自己的秘诀："其实，我有个记忆的小窍门，不知道对大家有没有用。自从学习英语以来，我都是这样记单词的：每天晚上睡觉前，我会把那些单词的拼写和运用复习一遍，早上醒来后，我会翻一翻前一天晚上放在枕边的书，这样双重巩固后，这些单词就刻在我脑海里了。"

圆圆的学习经验验证了一点：人的黄金记忆时间是晚上入睡前和早上醒来后。

睡前的时间可主要用来复习白天学过的内容。对于白天学过的内容，根据艾宾浩斯遗忘规律可知到了睡前我们还能记住34%左右，此时复习便可巩固记忆。

而早晨起床后，重新复习一遍昨晚复习过的内容，那么，整个上午我们都会对那些内容记忆犹新。所以说睡前和醒后这两个时间段千万不要浪费，若能充分利用，可收事半功倍之效。

前面，我们已经分析过艾宾浩斯遗忘曲线，从这一曲线中，我们可以了解到：遗忘的规律是先快后慢，知识识记约48小时后，如果不经过再记忆，遗忘率则高达72%，所以我们不能认为隔几小时与隔几天复习是一回事，而应及时复习，间隔一般不应超过2天。

因此，对于学生来说，做好记忆计划是十分必要的。我们可以参考以下复习要点：

1.单元系统复习

一般来说，一个单元中的知识是有一定的联系的。通常，老师在带领学生学习完一个单元后，都会对学生进行一个单元检测，这能督促学生进行单元复习。在单元复习时，我们要抓重点和难点，并使知识系统化、结构化。此外，我们也要对错题进行再次练习，这是提高成绩的法宝。

2.多种形式复习

复习是对已学习到的知识的重新编码。我们应充分利用各种形式整理知识，比如，听、说、读、写、背、看，而不要机械地采用一种方法。

3.掌握最佳的复习时间

在听课后，你需要尽快进行复习，因为遗忘的规律是先快后慢，如果你不及时复习，知识就会很快被遗忘。

4.假期坚持复习

每年的寒暑假以及五一、国庆等假期都比较长，我们除了完成家庭作业外，还应督促自己要适当复习，避免遗忘。你还可以适当阅读课外书，加深对知识的理解，拓宽知识的应用层面。

第2章

兴趣激发动力，快乐学习才能提高记忆效率

作为学生，我们有众多科目要学习，要记住的知识点实在太多了，久而久之，我们难免会产生“混淆”和“记不住”的烦恼，一些学生更是对记知识产生了消极情绪。对此，我们就必须要学会运用一些方法将这些知识点进行加工整理，有条不紊地存放起来，以便需要时顺利提取。这些方法有很多，比如，概括记忆法、尝试回忆法、背诵记忆法、联想记忆等，运用这些记忆法，你会发现，记知识也会变得生动有趣。

心情好，才能记得牢

生活中，我们都有这样的体验：心情愉悦时，好像有用不完的力气，效率似乎也提高了。其实在学习上也是如此。心情好，我们就有学习的动力，而心情糟糕，我们就没办法集中注意力，更别说记住知识点了。可以说，良好的心情有助于我们提高记忆效率。因此，中小学阶段的学生们，当你们心情不好的时候，你们应该学会自我调节，不管在学习上遇到了什么问题，都要多角度思考，积极应对。这样，你们才能始终保持愉快的心情投入学习，保证学习的效率。

莹莹是某学校中考第一名，她从小学习成绩就非常好，有很多好的记忆力，别人需要学习几遍才能掌握的知识，她只需要一遍。因为她在学习中总是能积极向上、保持良好的心情。

从小到大，莹莹把优秀当成一种习惯，她常鼓励自己说“我有这个能力”。为了保持优秀，她好好学习，比别人更努力。因此，初中三年，莹莹可以非常从容地保持在第一名的位置。初三的时候，学校为全年级前十名的同学编了一个特别的加强版“零班”，大家挤在一个很小的教室里，桌椅差不多都挨在一起了。小小的空间，周围是四面高高的白墙，非常的压抑，有几个同学受不了这样的压力，上了几天课就搬走了。莹莹想，无法改变，那就适应好了，她把这里当成是自己熟悉的教室。她知道真正的压力是自己给自己的，她告诉自己：“不要想太多，只要学习就够了”。

到了高中，莹莹的生活依然非常规律，学习还是很用功，因为优秀已经成为她的一种习惯。

面对考试，每个人都有压力，案例中的中学生莹莹也会，但是正如她说的，面对压力，无法改变，就要适应。这就是一种心理调节，是获得好心情的重要方法。

关于情绪对学习效率或工作效率的影响，有一条定律——耶尔克斯—多德森定律，这条定律指出了激动水平与任务表现之间的关系，并且这个关系会随任务难度的不同而改变。对于简单的任务，如学习初等数学，人的激动水平越高，表现越好；对于复杂的任务，如学习复杂代数，人的激动水平处于中等时，任务表现最好，而激动水平较低或较高时，任务表现均欠佳。

生活中的你们，如果每天能拥有一个好心情，那么你就可以保持良好的情绪体验，从而提高学习效率。如果你长时间伴有不良情绪，如焦虑、抑郁、悲伤、愤恨等，你的学习效率也会受到影响，这又会使你继续产生不良情绪，从而陷入恶性循环之中。

那么，在日常紧张的学习中，我们该怎样调节自己的心情呢？以下是几条建议：

1.主动学习与记忆，获得快乐

积极主动地学习，才能感受到学习中的乐趣，才能对学习越发有兴趣。有了兴趣，效率就会在不知不觉中得到提高。有的同学基础不好，学习过程中老是有不懂的问题，又羞于向人请教，结果是郁郁寡欢，从何谈起提高学习效率。这时，唯一的方法是，向人请教，不懂的地方一定要弄懂，一点一滴地积累，才能进步。如此，才能逐步地提高效率。

2.坚持体育锻炼

身体是“学习”的本钱。没有一个好的身体，再大的能耐也无法发挥。而最重要的是，在运动与出汗的过程中，我们能排解郁闷心情，坏心情得到发泄，我们自然能重新投入学习。

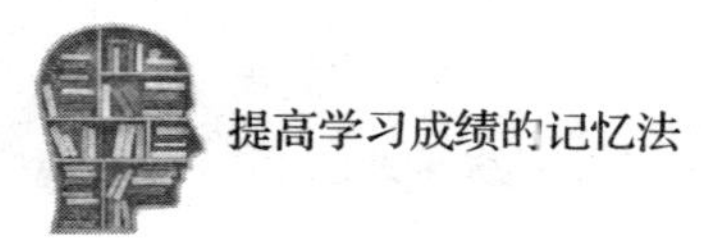

3.多出去走走，多看看外面的世界

学生总是奔波于学校和家之间，过着两点一线的生活。慢慢地，会觉得生活和学习枯燥无味，为此，你可以在假期时多出去走走，这能让你接触到新鲜的事物，开阔眼界，重拾生活的乐趣。

4.与同学融洽相处，获得好心情

每天有个好心情，做事干净利落，学习积极投入，效率自然高。另外，积极融入集体，和同学保持互助关系，团结进取，也能提高学习效率。

先激发兴趣，然后才能提升记忆的效率

科学研究表明，人们一旦对某种活动或某个事物产生兴趣，就会倾注热情，就能提高从事这种活动的效率。记忆力的增强便是效率的提高的表现之一，人们面对有兴趣的东西，往往会增加记忆的积极性，从而表现出很强的记忆力，因此，对于学生来说，要想提升自己对知识的记忆效率，就要在平常的学习和生活中有意识地激发自己的兴趣，从兴趣出发，记忆效果会更理想。兴趣也是我们求知欲的体现，是记忆过程中最活跃的因素，古今中外许多科学家、发明家取得伟大成就的原因之一，就在于由浓厚的兴趣所产生的强烈的求知欲望。

人们常说“兴趣是最好的老师”，哈佛教授曾说：“热情的态度是做任何事的必备条件。任何学生，只要具备了这个条件，都能获得成功。”科学家丁肇中用6年时间读完了别人10年的课程，最后发现了“J粒子”，是第一位获得诺贝尔奖学金的华人。记者问他：“你如此刻苦读书，不觉得很苦很累吗？”他回答：“不，不，不，一点儿也不，没有任何人强迫我这样做，正相反，我觉得很快活。因为有兴趣，我急于要探索物质世界的

奥秘，比如搞物理实验；因为有兴趣，我可以两天两夜，甚至三天三夜待在实验室里，守在仪器旁。我急切地希望发现我要探索的东西。”

一个人爱好学习，勤奋读书，就会学有所获。任何人，只要具备了学习的热情，无论外在条件多么艰苦，他们都能汲取到知识带来的营养。而如果你被动地学习与记忆，那么，你就只能停留在知识的储存和记忆上而不能正确地运用它，你的学习就会是低效或者无效的。微软公司全球副总裁李开复说过，如果我们将学过的知识忘得一干二净，最后剩下来的东西就是教育的本质了。所谓“剩下来的东西”，是指自学的能力，也就是举一反三或无师自通的能力。

同样，生活中的学生们，你们只有对学习感兴趣，才能把心理活动指向并集中在学习的对象上，使感官知觉活跃，注意力集中，观察敏锐，记忆持久而准确，思维敏锐而丰富。你们只有激发和强化学习的内在动力，才能调动学习的积极性。

人生路需要自己走，学习与记忆的过程同样如此。学习是一件幸福的事，只有具备这样的心态，把学习知识当成人生乐事，你才会孜孜不倦地追求知识，才能提升记忆力。

生活中，我们经常会发现一些记忆力优秀或超常的人，他们的记忆能力是在强烈的学习兴趣基础上勤恳学习和练习得来的。为此，我们每个人都需要有意识地培养自己对学习的热情，我们可以做到：

1.积极期望

积极期望就是从改善学习与记忆者自身的心理状态入手，对于自己不喜欢的学习内容，告诉自己并让自己相信它是非常有趣的，自己一定会对它产生信心。想象中的“兴趣”会推动我们认真学习它，从而逐渐对学习产生兴趣。

2.从可以达到的小目标开始

在学习之初，确定小的学习目标，学习目标不可定得太高，应从努力

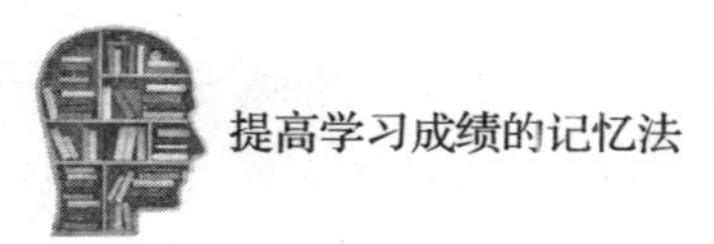

便可达到的目标开始。不断的进步会增强学习的信心。

3.了解学习与记忆目的，间接建立兴趣，培养热情

学习与记忆的目的，是指你要明白，学习的结果是什么，为什么要学习，为什么要记住材料，这一过程多半都是要经过长期艰苦努力的，这种艰巨性往往让人望而却步，所以要认真了解学习的目的。如果你能对学习的个人意义及社会意义有较深刻的理解，就会认真学习，从而对学习发生浓厚的兴趣。

4.培养自我成就感，以培养直接的学习与记忆兴趣

在学习与记忆的过程中每取得一个小的成功，就进行自我奖赏，达到什么目标，就给自己什么样的奖励。有小进步，实现小目标，则给自己小奖赏，如让自己去玩一次自己想玩的东西；有中进步、实现中目标，则给自己中奖励，如买自己喜欢的一本书画或一件乐器等；有大进步、实现大目标，则给自己大奖励，如周末旅游等。这样有助于产生自我成就感，不知不觉就会建立起直接兴趣。

总之，兴趣是最好的老师，这话并不是毫无根据的。如果你对学习毫无兴趣，那么，即使花再多的时间，也是徒劳，也难以记住那些知识点。要想建筑成功的大厦，就必须有先天的或经后天培养而成的兴趣基础。有了兴趣，才有可能培养和形成敏锐的感觉与反应，累积可供运用和发挥的技术与技巧。有了兴趣，才有无穷的动力使你在某个领域当中越钻越深。有了兴趣，才有勤奋，有了勤奋，才能成就辉煌和成功。

理解记忆，别死记硬背

我们都知道，学习离不开记忆，无论是学习新知识，还是运用知识，

都离不开记忆。离开了记忆，一切学习活动都失去了意义。对于学生来说，要学习的科目众多、知识点繁杂，我们更需要寻找好的记忆方法。有些学生常常抱怨自己的记性不好。其实，普通人大脑的记忆功能是相差不大的。实际记忆力之所以有差异，是因为个人对大脑记忆的规律和提高记忆能力的方法掌握得不同。

在这里，我们介绍一种记忆方法——理解记忆法。理解记忆法，顾名思义，就是在积极思考、达到深刻理解的基础上记忆材料的方法。这是最基本最有效的记忆方法。

理解记忆的效果优于机械记忆。德国著名心理学家艾宾浩斯在做记忆的实验中发现：记忆12个无意义的音节，平均需要重复16.5次；如果是36个的话，则平均需要重复56次；但记忆六首诗中的480个音节，平均只需要重复8次！

这个实验告诉我们，理解了知识，就能记得迅速、全面而牢固。不然，愣是死记硬背，那真是费力不讨好。

理解记忆是建立在对材料内容的理解的基础上的，这种理解不仅指看懂了材料表面的意思，更是理解了材料各部分之间的逻辑联系，以及该材料和以前的知识经验之间的关系。

我们平常说泰国的首都曼谷，实际上这是一个简称，泰国首都的全称是“黄台甫马哈那坤奔他哇劳狄希阿由他亚马哈底陆浦欧叻辣塔尼布黎隆乌冬帕拉查尼卫马哈洒坦”，共四十一个字。

要把这四十一个字都背下来，可不是一件容易的事，恐怕比记圆周率小数点之后四十一位还要难得多。

我们不妨来背背这两首诗，一首是李白的《望庐山瀑布》：

日照香炉生紫烟，遥看瀑布挂前川。

飞流直下三千尺，疑是银河落九天。

还有一首是唐朝著名诗人王之涣的绝句《登鹳雀楼》：

白日依山尽，黄河入海流。

欲穷千里目，更上一层楼。

这两首诗合起来泰国首都全名还要多七个字，可是只要读几遍也就会背了。原因就在于这两首诗形象易懂。

再例如：对于大家熟悉的代数公式 $(a+b)^2=a^2+2ab+b^2$，一些同学选择死记硬背，这个公式的右侧有三项，一项一项地硬背下来，当然会记得住，但在应用的时候很容易忘记；有一些同学选择理解性记忆，了解 $(a+b)^2$ 的实质，自然就记住了公式的各项；也有一些同学会展开记忆这一公式，反正要有a和b的二次项，也就不用记了，只要记住有一个一次项“2ab”就可以了。

再如，对于万有引力公式，有的同学在复习的时候一遍又一遍地写。其实只要理解了万有引力定律的内容，公式就自然记住了。万有引力定律说：“万有引力的大小和物体的质量的乘积成正比，和物体间的距离平方成反比。”根据这个定律，两个物体的质量符号写在分数线的上方，距离的平方写在分数线的下方，得出公式：

$$F=G\frac{M_1M_2}{R^2}$$

G是比例常数，这里是万有引力常数。

学习语文、外语时更要在理解的基础上记忆。一首古诗，理解了诗的含义，背起来就快多了。

在记忆材料时，使用机械记忆进行无意义的重复，我们往往会事倍功半；而使用理解，我们通常能取得更好的效果。

可能你会疑问，如何进行理解记忆呢？

我们在记忆材料的时候，只要这些材料是有意义的，就应该向自己提出“先理解、后记忆”的要求，把材料分段落和层次，找出它们之间的逻辑联系，而不要从一开始就逐字逐句地记忆。

例如背古文，我们应该先把古文里的实词、虚词都弄懂了，把全篇的中心意思掌握了，这时再背，就是在理解的基础上记忆，背起来就有兴趣得多，也快得多，印象也深得多。

当然，知识理解之后，容易记了，但并不等于全记住了。因此，紧接着还应当采取措施，巩固这时形成的记忆。此时便可以使用复述法，这一方法我们在后面会有分析，此处不赘述。但无论如何，我们的记忆必须要建立在理解的基础上，才能形成长期记忆并使所学的真正成为自己的知识。

如何将谐音记忆法运用到各学科中

前面，我们提及，只有激发自己的学习兴趣，才能提升学习效率。记忆是学习中重要的一环，有趣的记忆方法能激发我们的学习兴趣。在这里，我们会介绍一种趣味记忆法——谐音记忆法，即通过读音相同或者相近的方式，将所需要记忆的内容与已知的内容进行关联的记忆方法。这种方法适用于一些晦涩难懂或者难记的材料，我们可以把这些材料内容通过谐音的方式组合到一起，然后通过联想的方法进行组合，创造出一种意境，这种方法能调动我们对学习的积极性，让高难度材料的记忆不再是难事。

我们可能觉得有些材料记起来难度较大，难就难在找不到材料之间的联系，比如，历史年代、统计数字等。如果能利用谐音法来将其串联起来，记忆就容易多了。

谐音记忆法只适用于帮助我们记忆一些抽象、难记的材料，并不能推而广之，用于记忆所有的材料。

接下来，我们看看谐音记忆法在各学科中的应用：

1.数学

一天，一位数学老师和学生们爬山，在山顶寺庙遇到一位游客，老师和游客对饮，临走时，布置学生背圆周率，要求他们背到小数点后22位。但大多数学生都背不出来，十分苦恼。有一个学生把老师上山喝酒的事结合圆周率数字的谐音编了一句顺口溜：“山巅一寺一壶酒，尔乐苦煞吾，把酒吃，酒杀尔，杀不死，乐而乐”。这样记忆，不但有趣，也能加深记忆效果。

一次绝对值不等式的解集:

$|x|>a$，$x>a$或$x<-a$

$|x|<a$，$-a<x<a$

可用谐音法记作：“大鱼取两边，小鱼取中间”。同时联想到吃大鱼只吃两边的肉，吃小鱼掐头去尾只吃中间。

2.物理

比如，气体的摩尔体积22.4升/摩尔，可记作：“二二得四”。得与点谐音。

电功的公式$W=UIt$，可用谐音法记作：“大不了，又挨踢”。

同样道理，电流强度公式$I=Q/t$，可记作：“爱神丘比特”。

电流表要串联在电路中，电压表要并联在电路里，为了防止记串，可记作“流串”加以区别，即电流表要串联，而电压表要并联。

3.化学

化学中，大家熟悉的氧化——还原反应中氧化剂与还原剂的判断可记作：“杨家将”，即“氧价降”，意为氧化剂中的元素化合价降低，而还原剂中的元素化合价升高。

物质溶解于水，通常有两种过程：一种是溶质分子（或离子）扩散，这种过程为物理过程，需要吸收热量；另一种是溶质分子(或离子)和水分子作用，形成水合分子（或水合离子），这种过程是化学过程，放出热量。可用谐音记作：“无锡花伞”，即“物吸化散”。

4.地理

我们在记忆长江长度——6300km时，可用谐音法记作：“溜山洞洞”。

地球的表面积为51亿km^2，可记作：“地球穿着有污点的衣服”。

类地行星主要成分是氢、氖、氦，可以用“勤奶孩子”作谐音记忆。

黑色金属主要包括铁、铬、锰等，可以用“铁哥们”作谐音记忆。

记忆江河年径流总量排序时，可以这样记：“径流巴西，俄（我）加（家）（有）美印（人）尼（你）中吗？”。

记忆地壳中含量最多的元素时，可以这样记：“氧（养）硅（闺）铝（女），铁（贴）钙（给）钠（哪）钾（家）镁（美）？”

记忆世界主要粮食出口国时，可以这样记：“美加法（深）澳阿，该出口时就出口。”

5.历史

李渊618年建立唐朝，可用谐音法来记忆：“李渊见糖（建唐）搂一把（618）。”

1644年，清军入关，可记作：“一溜死尸”。因为清军入关，难免有战争，有战争就有杀戮，也就会尸横遍野。

无产阶级革命家马克思生于1818年，逝世于1883年。他去世的时间，我们可以这样记忆：“一爬一爬（就）爬（上）山（了）。”

中日甲午战争爆发于1894，可用谐音记作：“一把揪死。”

中日《马关条约》1895年签订，可记作：“马关的花生——一扒就捂（霉变）。”

1898年6月11日至9月21日，历时103天的戊戌变法，可记作：“戊戌变法，要扒酒巴；路遥遥，酒两舀”。“要扒酒巴”，即1898年；“路遥遥”，即6月11日；“酒两舀”，即9月21日。

由此及彼，联想记忆

趣味记忆法有很多，其中一种叫联想记忆法，顾名思义，就是通过事物之间的相互关系，由此事物联想到彼事物的记忆方法。

什么是联想呢？巴甫洛夫认为，联想是由于两个或两个以上的刺激物同时地或连续地发生作用而产生的暂时神经联系。

联想是主体在头脑中通过一种事物想到另外一种事物的一种心理活动，借助这一活动，我们能将进入大脑中的信息串联起来，构成记忆的网络；能从记忆的数据库中找到自己所需要的部分。假如我们能抓住联想的规律，并学会如何联想，不但有利于迅速记忆，而且有利于巩固记忆。具体来说，我们还可以将联想记忆法分为以下五个方面：

1.表象联想法

这种联想法是将所需要记住的材料与事物本身的表象联系起来的方法。比如，我们如果需要记住“蚯蚓”这个概念，只记这两个字不易巩固，必须在脑子里浮现出蚯蚓的具体形态。

在头脑中联想时，就要打开思维的翅膀，要看着材料，听着读音，当场把材料的内容描绘出来。经过多次这样的练习，养成习惯，就容易把物象印到脑海里。

使用表象联想的要领是：①尽可能把抽象的知识转化成具体的物象。如学“寄寓”一词时，就想象自己当时正在某个亲戚家住一段时间。②多

用夸张的物象。如学“细菌”一词时，就想象自己在教科片中看到的那种细菌景象。③把抽象的东西化为具体的东西。如“含英咀华”这个成语比较抽象，但是能将其幻想成正在摇头晃脑读书的老学究。④有时要记众多事项，你可用整体物象法记忆。

2.对比联想法

对比联想是通过事物之间存在的某些对立的特点而建立的一种思维方式，如由热想到冷，由甜想到苦，由爱想到恨，由落后想到进步等。前面举的例子并非“事物具有对立性”，更像是因为这些对立的词能形容同一事物，才会把词归纳到一起。

用对比联想法记忆材料，效果就特别显著。在小学语文教学中，老师常常让学生学习近义词和反义词；而到了中学，在分析小说时，老师会让学生将这一人物与另一人物的形象对比起来教，增强感染力；在数理化教学中，老师也会将彼此对立的定理、公式、规律等归纳起来，让学生运用对比联想法帮助记忆。对比联想法在学习和教学中的运用非常广泛，是提高记忆效率的极好方法。

3.接近联想法

这是根据有些事物在空间或时间上所接近之处而建立起来的联想方法。如提到哈尔滨，就会想到雪和寒冷；一提起诸葛亮，马上就会想“借东风”和“三顾茅庐”；一提起慈禧太后，就会想到八国联军入侵圆明园等，因为这些事情在时间上接近。学习中，如果运用这种方法，把遇到的事实、事物和学到的知识，与接近的事物联系在一起，形成空间或时间上有相关的系统，就可帮助记忆，提起一种东西就可能联想到一大串内容。

4.类似联想法

这是根据事物之间在现象或本质方面有类似之处而建立起来的联想。类似联想法的关键是突出事物的共同性和相似性，它对学习和记忆发挥着重要作用。

比如，《快速集中识字手册》能在全国进行推广，就是利用了这一点。因为汉字具有音、形、义方面的相似性，所以，我们能发现汉字的造字规律，抓住特点，把常用汉字分别归纳成不同的类，然后收录在册。

又如，我们在求平行四边形的面积时，知道它的面积公式是“底乘高”，而这个公式是能利用两个全等三角形推出来的。

把一个平行四边形的两个对角顶点联起来，就构成两个全等三角形，而三角形的面积公式是“底乘高除二”，两个全等三角形合起来构成的平行四边形的面积，正是一个三角形的面积的两倍，二二抵消，得出平行四边形的面积公式是“底乘高”。这样就很容易记住了。

类似联想无论是在教学还是学习中，都得到广泛应用，但是应用它也有一定的前提——要合乎逻辑、忠于现实。对于没有逻辑联系且违背现实的两个事物，我不能将其强行联系到一起。类似联想法用得好，不但能提高记忆的效率，而且有利于创造性才能的发挥。

5.奇特联想法

奇特联想法是利用一些奇特古怪的想法，把有关事物、词语或知识串连到一起，在大脑中形成一连串的物象的增强记忆的方法。

奇特联想法是世界上公认的“记忆秘诀”，也是一种记忆的“诀窍”。通过这种方法，我们可以把任意几个字或词语概念串起来，加以记忆。

运用奇特联想法时有三个要点必须掌握：

一是把本来静止的东西，想法让它动起来。如对于“气球、墨水、草原”三个不相干的名词，你要把它们连起来达到记忆的目的，可想象成“墨水挂到气球上向草原飞去”。

二是用替代法，比如用甲事物取代乙事物，或让甲事物变成乙事物的一个组成部分，把它们联系或组装起来。如对于“钢笔、草帽、大豆、拖拉机”，可以将“钢笔”代替了“人”，“戴着草帽坐在装满大豆的拖拉机上”。

三是对被记事物进行夸大或缩小，增多或减少。如要记住“手表、窝瓜、滑梯”这三件事物，怎样联想呢？可想象为“手表像窝瓜那样大，从滑梯上滚下来”。

掌握以上三个要点，对事物进行随意组合，就可进行联想创造，达到最佳记忆效果。奇特联想法乍看起来是比较荒诞的，但在记忆事物时却能发挥很大的效用。习惯之后，要记一连串的词语和事物，就会容易多了。

抓住关键，概括记忆

前面，我们谈及，人的记忆能力很强，能容纳很多内容，但人的记忆力也有即时性的特点，即看到什么就容易忘记什么，也就是说，我们不可能将什么事都记住，学习也是如此。因此，记忆专家建议，为了提升记忆的效率和牢固性，我们最好抓住内容的关键部分，并对其进行综合概括，使其形成一个或一组简单的“信息符号”，便于大脑接收、存储和提取。这要是概括记忆法。概括记忆法是对所要识记的材料进行提炼、抓住其关键来记忆的方法。

概括记忆法的形式一般有如下几种：

1.内容概括法

对于篇幅很长的学习材料而言，内容比较繁杂，记起来难度较大，这就需要我们掌握内容提要，选择关键性词语，字句，加以重点记忆，以便启发对全部内容的联想。

如大至一部作品、一部电影片、一篇长论文，小至一篇文章、一段事实的记载，甚至一个逻辑性很长的长句子等，我们都可运用关键性词语、字句进行概括，使其化多为少，浓缩成为精华，从而启发回忆，加深理解。

2.顺序概括法

一些记忆资料是有一定的时间顺序的，比如对于历史学科中各大朝代的重大历史事件、各个条约的条款，历史上的各种变法、改革等内容，我们在记忆的时候，都可以简化顺序，用概括词记住较复杂的内容。

如“王安石变法”的五项内容是：青苗法；募役法；农田水利法；方田均税法；保甲法。记忆时可顺序概括为一青、二募、三农、四方、五保。只要掌握了这几个数字，这一知识点也就记住了。

3.缩略概括法

在材料中找到一些关键性的字词，然后以此为“媒介”，使之起到以点带面的作用，这就是缩略概括法。

比如，在化学中的“氧化——还原”反应中，我们首先要搞清电子得失与“氧化——还原”的关系，其次要判断出什么物质是氧化剂，什么物质是还原剂，这是非常重要的。

当你真正理解后，你就可用“失——氧——还”三个字作为缩略结构去记忆。这三个字的意思是：失电子的物质——氧化后——该物质是还原剂。这样，只要记住这三个关键字，就可以把三个字作为提示来自引发记忆，引起对整个意思的联想。

另外，对于一些复杂的术语、名称、概念或者比较烦琐的知识，我们都能运用这种方法来简化。

4.数字概括法

数字并不多，利用数字能简化记忆过程。数字概括法就是拿数字来概括事实、内容或语句以增强记忆的方法。

如“五讲四美”“四化建设”“三大纪律八项注意”“三纲五常”“四书五经”等等，都是约定俗成、寓意鲜明、容易引起回想的运用了数字的事物概括。

学习中有些较复杂的内容，我们也可用一些用数字概括以帮助记忆。

比如，对于炼铁涉及的化学反应及其高炉的构造，我们可以概括为“三个五”。即炼铁过程有五个主要化学反应式（略）；高炉由五个部分组成（炉喉、炉身、炉腰、炉腹、炉缸）；高炉有五个进出口（入口、进风口、高炉煤气出口、出渣口、出铁口）。记住这“三个五”，共十五项小内容，我们就可进行回忆。

5.主题概括法

无论是哪门学科，无论我们学习的材料内容是什么，我们都需要把握主旨，理解丰富的思想内容和写作特点。如我们能把握学习材料的整体脉络，将其系统性地穿在一起，记忆起来效果就好多了。

比如，在学习文章《实践论》时，我们发现，这篇论文难度较大，如果不能抓住文章的中心思想，那么，学习过后，就难以形成自己的记忆。

我们可以这样对其进行概括：“这篇文章表达了实践是认识的基础的观点，阐述了在实践的基础上，从实践到认识，由认识到实践的二次飞跃，并揭示了认识过程的反复性、无限性、前进性，强调了主观和客观、理论与实践的具体的历史的统一”。

这样的概括，突出了全文的中心点，但并不好记忆，为此，我们可以将其总结得更为精炼，比如：“一个基础，二次飞跃，三性一强调”。这样进一步简化之后，我们就能牢记中心思想。

总之，无论哪种概括材料的方法，都能帮助我们抓住主要内容进行记忆，进而帮助我们将知识记得更牢固。

第3章

要记住先思考，出色的思维方法帮你训练好记性

相信每个学生都想有超强的记忆力，为此，我们很注重记忆力的训练，不过，在记忆力的训练中，思维的作用毋庸置疑，只有打破思维定势，才能避免死记硬背，找到属于自己的个性记忆方法。因此，在训练自己的思维方法时，我们一定要克服思维定势，不迷信权威，不照搬经验，不唯书本是从，不为假象所迷惑，敢于提出与众不同的观点，敢于发表新颖独特的见解，从而使自己真正具有活跃、独特和创新的思维，最终获得好记性。

五大步骤，先理解后记忆

在学习中，很多学生抱怨自己总是记不住知识，其原因之一往往是他们死记硬背，但是，理解才是最基本、最有效记忆的方法。正如格言所说："若要记得，必先懂得。"日本教育界提倡的一句口号是："要思考，不要死记硬背！"这里所说的思考，首先也需要理解。捷克著名教育家夸美纽斯说："学生首先应当学会理解事物，然后再去记忆他们。""只有彻底地懂得，并且记忆了的东西，才能成为心里的财产。"

瑶瑶是个善于理解记忆的学生，对于大量的文科知识，她也记得很牢。一次历史考试后，有同学苦恼地问瑶瑶："历史这么难背，你是怎么背下来的呢？"瑶瑶笑着说："我并不觉得历史难背，我也从没刻意背过历史。平时，我只是把历史事件当成一个个小故事看，一遍一遍反复看。长时间下来，当试卷中提到哪个历史事件时，书上相关的一页内容连图带字就会在我脑中呈现出来。"

从瑶瑶的话中，我们能看出，记忆最重要的一点，就是不能死记硬背。只有理解了才能很好地记忆，我们要努力学会和掌握理解记忆这个方法，现在我们来做一个实验：

假如黑板上有以下20个名词——线、茶叶、勺、糨糊、剪刀、炉子、筷子、笔、衣服、火柴、酒杯、信封、纽扣、杯子、碗、邮票、水壶、碟、信纸、针。在你看完两三分钟后，你来默写一次。你能记住多少？

这些名词可以这样分类：与喝茶有关的——杯子、茶叶、水壶、炉子、火柴；与缝纽扣有关的——纽扣、线、剪刀、针、衣服；与吃饭有关的——碗、勺、碟、筷子、酒杯；与通信有关的——信封、邮票、糨糊、

信纸、笔。

如果你能这样分组，相信你记忆的效果一定会好很多。这属于意义识记，也就是利用过去的知识和经验理解当前的事物的意义后进行记忆。而默写不好的学生往往是只忠实于黑板上缺乏内在联系的原来的名词的顺序，直接去背。这属于机械识记，也就是不去理解事物的意义，只靠对事物的重复来记忆。

这两种记忆法在学习和生活中都要用到。例如，对原理、定义、定理、法则的记忆要靠意义识记；对历史年代、人物名称、山的高度、元素符号的记忆，就要靠机械识记。

对于不同年龄的人，两种记忆方法在记忆过程中所占的比例也是不同的。机械识记在记忆过程中所占的比例，小学一年级是72%，初二是55%，高二是17%。意义识记在记忆过程中所占的比例，小学一年级是28%，初二是45%，高二是83%。可见，随着年龄的增大，学生记忆过程中的意义识记所占的百分比越来越高，而机械识记所占的百分比则越来越低。

了解了这个特点，记忆时就要尽量通过思考，待理解以后再记忆。

意义识记的运用步骤是：

1.了解大意

在学习中，当我们想要记住某个知识点的时候，首先要弄清楚这个知识点的大致内容，比如，先通读或者浏览一遍。如果记忆音乐，则先完整地听一遍全曲。了解了全貌才能对局部进行深刻的理解。这就是“综合”。

2.深入分析

对事物有了大致的了解后，就要逐步深入分析。比如对一篇论文，浏览一遍后，我们就要弄清它的论点论据，根据结构将其分成若干段落，逐个段落找出主要意思，也就是要找出“信息点”，加以认真分析、思考，以达到能编制文章纲要的程度。

3.寻找关键

这也就是韩愈在他的《进学解》中所说的“提要钩玄”。找到文章的要点和难点，并弄明白，牢牢记住。只有在此基础上，才能理解和记住其他比较次要或者从属的内容。

正所谓“万山磅礴，必有主峰；龙衮九章，但挈一领。”

4.融会贯通

我们要将所理解和记住的各种局部内容，联系起来反复思考，全面理解。这样更有利于加深记忆。

5.实践运用

所学的东西，是否真正理解了，还要看能否在实践中运用。如果把所学的东西应用到实际工作中就“卡壳”，那就说明我们并未真正理解。真正的理解是有具体标准的，一是能够用语言和文字解释，二是会实际运用。在实际运用过程中，我们会继续深化理解。

总之，我们在对所学的知识进行理解时，应该充分利用这些分析和综合的方法，以促进理解，提高记忆的效能。

运用形象思维，提高记忆效果

俗话说：“百闻不如一见。”意思是听到不如看到的可靠。它还包含着这样一个道理，即直观形象的事物能给人更深的印象。其实，我们的记忆也有这样的特点，直观形象的材料比枯燥抽象的材料更容易被记住。大量的实验证明了这一点，例如，老师向同学们出示十个形象的实物和十个

抽象的词语，然后当场请他们回忆。结果，学生们能回忆出实物八个，而词语只能记起七个。几天后，这种差异更加明显，实物能回忆出六个，词语却只能回忆出两个。

因此，在学习知识的过程中，相对于死记硬背而言，我们更提倡形象记忆，所谓形象记忆，是指以感知过的事物的形象为内容的记忆。它是对感性材料，包括事物的形状、体积、质地、颜色、声音、气味等等具体形象的识记、保持和重现。它带有显著的直观性和鲜明性。人的记忆都是从形象记忆开始的，儿童出生6个月左右就会表现出形象记忆，如能辨认母亲和熟人的面貌，就是形象记忆的表现。形象记忆是由感知到思维必不可少的中间环节。

17世纪捷克教育家夸美纽斯更是直接指出："凡是需要知道的事物，都要通过事物本身来进行教学。那就是说，应该尽可能地把事物本身或代替它的图象放在面前，让学生去看看、摸摸、听听、闻闻，等等。"美国图论学者哈拉里强调形象的重要，他说："千言万语不及一张图。"鲁迅先生也很重视形象记忆的作用，他在任教时就常用画图来帮助学生理解和记忆。因此，我们在记忆时应尽量多印留直观形象，尽量多运用形象思维，以提高记忆的效果。

我们来看看下面这位学生是怎样运用形象记忆法的：

"我是学文科的，政治、历史、地理需要背诵记忆的内容实在太多了，如果说要一字不漏地背下来，不仅浪费时间，而且精力消耗大。如果在学习每一课时，用形象记忆的方法，在脑海中形成一幅画面，对这一课的大致编排情况形成系统记忆，就能节省大量时间。比如，我虽然不能完整记住历史课本上的每一个字，但当需要回想起某一个内容时，我知道它在书本的什么方位，左或右，上或下，知道这一课的重要图片分布在哪个位置，知道这一页翻过来是哪一课的什么内容等。这样的形象记忆既

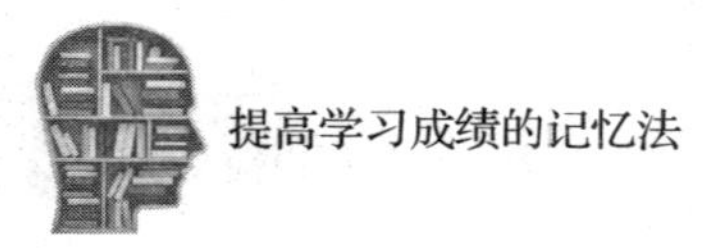

能避免死记硬背的枯燥，又能节约大量时间，同时也能达到预期的记忆效果。”

也许很多学生会产生疑问，为什么形象的事物容易记忆呢？这得从人们对客观事物的认识谈起。人们认识客观事物依靠感知器官，而感知正是从直观形象开始的。实物形象是最原始、最容易记忆的，而对于抽象概念、系统知识的记忆则需要有一定的知识结构做基础。

形象记忆法是最能在人脑中深层次起作用的、最积极的、也是最能挖掘潜力的一种记忆方法，是目前最合乎人类的右脑运作模式的记忆方法，它可以让人瞬间记忆上千个电话号码，而且过一个星期之久也不会忘记。人们在利用语言作为物质的外壳和思维的材料的同时，不断促进意义记忆和抽象思维的发展，促进左脑功能的迅速发展，而这种发展又推动人的思维从低级到高级不断进步、完善，并发挥无比神奇的作用。但是，人们在这个过程中，却犯了一个本不应犯的错误——逐渐忽视了形象记忆和形象思维的重要作用。

于是，人类越来越偏重使用左脑的功能进行意义记忆和运用抽象思维了，而右脑的形象记忆和形象思维功能渐渐遭到不应有的冷落。经过漫长的岁月之后，终于发展到今天的“左脑占优势”的社会，左脑这个后起之秀已成为公认的“优势半球”。

其实，我们对右脑形象记忆的潜力还缺乏深刻的认识。那么，形象记忆和意义记忆之间的差别究竟有多大呢？据日本创造工学研究所所长中山正和推算，我们一般人“记忆中的语言信息量和形象信息量的比率为1∶1000”。

因此，我们在记忆时，可多多采用直观形象的方式，对那些艰深抽象的知识材料，也可设法使之形象化。具体方法有以下几种：

1.运用模象

例如，学习时可借助于模型、图象、照片、录像、电影、电视、幻灯片等，通过对它们的观察来获得对事物的感性认识。

2.形象比喻

用自己熟悉的事物比喻需识记的材料，例如用“皇冠上的明珠”来比喻“哥德巴赫猜想”这一数学命题，妙趣横生，易于记忆。

3.语言描述

对于抽象的材料可用形象化的语言来阐述，也就是所谓的深入浅出，记忆起来就会快得多了。

总而言之，直观的实物形象易于记忆。亲眼看一只动物，亲手做一件标本，亲耳听一首歌曲，亲口尝一个水果，亲身到一个风景区游览，得到的印象要比听别人讲的鲜明得多，要比从书本上看的生动得多，记忆也自然要牢固得多。

联想思维，让你的记忆思路更清晰

前面，我们已经分析过联想记忆法在我们学习中的运用，联想记忆法运用的就是联想思维。所谓联想思维，是指人脑记忆表象系统中，由于某种诱因导致不同表象之间发生联系的一种没有固定思维方向的自由思维活动，其主要思维形式包括幻想、空想、玄想。其中，幻想，尤其是科学幻想，在人们的创造活动中具有重要的作用。

用接近联想，从在时间上或空间上与回忆目标接近的事物开始忆起，易找到回忆目标。

下面是某位成绩优异的中学生的记忆心得：

他说："就拿历史这门科目来说，记忆很重要，但也不能完全死记硬背，其实历史中是有很多共性东西的，需要学会理解记忆和联想记忆。而且江苏的历史考卷侧重理解分析概括，能力是必不可少的，假如仅仅依靠记忆，就很难得到高分。"

任何一名成绩优异的学生，靠的不仅仅是天赋。很多中小学生疑惑："学习，真的仅仅依靠死记硬背吗？"从这位学生的话中，我们能得到答案。

这里，我们首先要掌握联想思维在记忆中的几种形式：

（1）接近联想，用相互接近的事物进行联想。例如：历史上彼得一世的改革和明治维新。

（2）相似联想，用相似的事物联想。例如：伊拉克的地图像靴子。

（3）对比联想，由相反事物的一方想到另一方。例如：民主和专政是辩证的统一。

（4）归类联想，从同类事物中来联想。例如：……

（5）因果联想，从原因想结果或从结果想原因。例如：遗传与变异。

（6）创新联想，人为创造一种联系进行联想。例如：万有引力与库仑定律。

而根据联想记忆法的内容的特征，我们又可以将其分为三种：

1.一点式记忆法

对于这种要记住的陌生的知识点，我们要做的就是编给它一个形象，或者在它的真实含义与其他事物之间人为地创造一个联系。这种方法适用于对一个人名、地名，或其他形式的抽象的或不可理解的、无意义的材料的记忆。

请试试以下几个：

WTO（世界贸易组织，即原来的关贸总协定。）

绿色食品（无污染、符合一定环保指标的食品。）

2.两点式记忆法

这种方法需要我们在两个事物之间建立一一对应关系，使用时见此知彼、见彼知此，例如英语单词和汉语词汇之间， 作品与作者之间，国家与首都之间，年代与历史事件之间，某些事物与有关数据之间。

以英语单词England——英国为例，可找内在联系：英格兰（England）本是英国的主体，所以习惯上以英格兰代表英国。

3.多点式记忆法

当需要记忆的知识要素超过2个时，我们要在3个或更多的事物之间建立联系，比如记忆56个民族，列举鲁迅的作品，记忆一个简答题的要点等。

在记忆时，除了进行联想之外，还应辅之以这样一些技巧：循环记忆、尝试回忆、高强度学习、卸磨杀驴、限定时间、结合理解。另外，还应该注意确定切合现实的目标，不能指望什么都要一字不漏地原文背诵。

为此，我可以采用这样几种方法来记：

1.口诀法

就是从要点中取出关键字（有时可以不止一个），通过谐音变形、顺序调整，组成一段有形象、有意思的话。（这句话如果能用5个或7个字来表达则最为理想，因为这样，像古诗一样朗朗上口，好读易记。）然后将这句话中的形象与题干挂钩。

比如每个要点取出一个字，分别为：理、学、族、王、文、物、宇。通过谐音变形分别转换为：鲤、雪、族、王、文、物、鱼。通过顺序调整组合成：王族文物雪鲤鱼。可作如下联想：这本书所谓的“婆”不过是发现了一件旷世国宝——一件古代王公贵族（也许是秦始皇的三弟或者私生子什么的）的玉雕鲤鱼，因其晶莹剔透、洁白如雪而美其名曰“雪

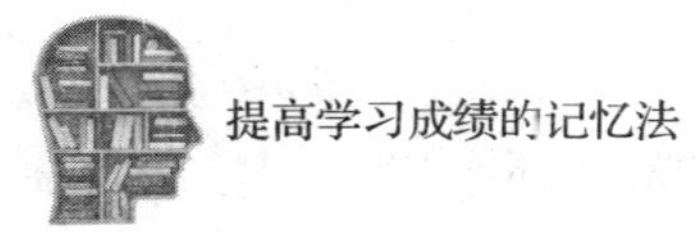

鲤鱼”。

2.故事法

就是以要点关键字词作为基本情节要素，串成一个故事，各个要点的出场顺序可以随意调整以便于联想。

3.居室法

类似于前面提到的罗马居室法，不同之处在于这里不必给居室中的事物确定次序。我的“居室”用的是我的老家的卧室，其中常用的“钩子”有：床、枕头、被子、书架、写字台、台灯、插座、方桌、方凳、衣橱、窗户、两个瓮（因为卧室也兼作粮仓）。这些如果还不够用时，还可以临时调用房梁、老鼠洞进来凑数。

4.拟物法

此法和居室法相似，不过这里是把题目和一个临时指定的事物挂钩，把要点与事物的零件挂钩。居室法的居室可以反复使用，可以挂上许多个题目，而在居室法中，每记一个要点，都要在三个点之间建立联系。而在拟物法中，只要在零件和要点之间建立联系即可。

总之，掌握以上几点，巧妙地在记忆知识时运用联想思维，能帮助我们在大脑中对知识形成清晰的记忆。

尝试回忆，了解记忆效果

作为学生，我们在学习的过程中，可能都有过这样的体验：我们学了一个知识点，考试时考到了，却记不起来，搜尽枯肠，仍无所获。走出考场，一查答案，从此这个知识点就深深地刻在脑子里，经久不忘。

我们可以从中获得启示。在学习知识的过程中，我们可以这样考察

自己的学习情况：经过几次对知识点的重复后，可以合上书，试着复述一下。记不起时，先不急于找答案，努力在脑中通过各种方法回忆、联想，实在想不出来了，再看书。在复习时，也用这种方法。

这就是尝试回忆法。比如，我们在记忆外语单词时，可以默写，也可以看着英文默写中文，或者看着中文口读英文；背诵课文时，可以不断地尝试着自己背，背得不对时，再看，再记。对学习过的知识，及时进行尝试回忆，效果更好。

这种方法能起到两点作用：

一是可以及时了解自己在学习中的记忆情况。每次尝试回忆后，我们就会知道自己记住了什么，还有什么没记住。在进一步阅读时便可有重点、有选择地记忆。

二是可以激发自己的学习积极性。进行尝试回忆，目的是逐字逐句地再现读物，这能促使自己逐字逐句地读，把目标对准那些尚未记住的材料。

我们来看看下面这位学生的学习心得：

“当朋友问及为何我学习能够如此轻松，是不是做了大量的习题时，我很不好意思地笑了，说自己根本没做过任何题，就是不停地看书。我在考试前一个月向其他人借了一套考试指定辅导书，反复地看，反复地记。我看书绝不是走马观花式的浏览，而是理解、记忆，将每个知识点印刻在我的脑海里。而且我看书非常仔细，对每个细小的知识点也一一兼顾到，绝不因为知识点小、不重要就轻易地放过。

我在记知识点的时候有一个诀窍，就是回想。我认为我虽然在一定时间内将知识点记住了，可是时间一长就容易遗忘，因此需要不停地巩固。面对这么多的知识点，不可能每天都背同样的内容，所以在背新的知识点的时候，要利用空余的时间将以前看过的东西一一回顾一下，可以是在睡

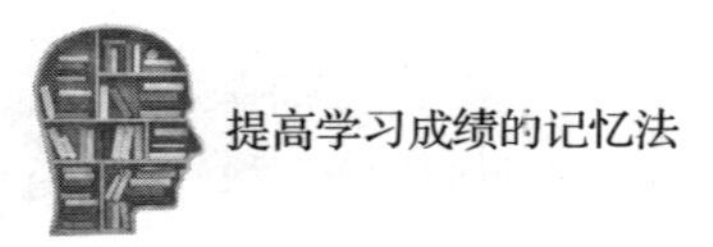

觉时，也可以是在坐车时，我觉得只有时常回顾，才能保证每个知识点不会从记忆中消失。”

从这位学生的自述中，我们能看到回忆对于记忆的帮助。然而，很多学生在记忆的时候，总是闷着头一遍又一遍地读。这种枯燥无味的重复诵读，往往不能使大脑皮层处于兴奋状态。这样，就必然会降低记忆效果。尝试回忆，在回想不起来的时候，也要努力开动脑筋，这虽然比照本宣科费力气，但能使大脑皮层的神经细胞一直处于兴奋状态，容易记住所读的材料。

下面这个心理学实验可以说明这个问题：

实验参与者被分成甲、乙两组。实验者让甲组学生把一篇课文连续看四遍；让乙组的学生把同一篇课文看一遍后，尝试背诵一遍，再看一遍，又尝试背诵一遍。结果，一小时后，甲组学生平均只记得52.5%；乙组学生平均记得75.5%；一天后，甲组学生平均只记得30%，乙组学生平均记得72.5%；十天后，甲组学生平均仅记得25%，乙组学生平均仍记得57.5%。

每次尝试背诵就是一次记忆信息的反馈。为什么利用反馈效应的尝试记忆法能够提高记忆效果呢？这是因为反馈提高了记忆的自觉性和主动性。我们对一篇材料识记几遍以后，总是有的部分已经记住了，有的部分还没有记住，或者记错了。反馈信息就可以告诉你哪些部分已经记住了，哪些部分还需要加工，帮助你了解自己记忆的进度，记忆的难点，然后，你就可以集中力量把难记的部分攻下来。

其次，反馈可以增强自己对记忆的信心，从而给识记增添力量。如果我们把一篇较难的材料，或者较长的材料诵读几遍以后，就已经记住了其中的大部分，我们的学习动机就会被极大地激发，使我们充满信心地去完成余下的记忆任务。虽然你可能在识记几遍后，发现自己还没有记住，心中不免烦躁起来，但这时你应该懂得：“烦躁情绪将干扰记忆，影响记

忆效果。”最好的办法是控制情绪，使自己心平气和，相信自己的记忆能力，或者这样想：“这篇材料难，应该多记几遍。”

再其次，反馈在一定的程度上可以消除疲劳，维持注意力的集中。闷着头一遍一遍地读，这种枯燥无味的重复诵读容易使人疲劳，时间一长，注意力容易分散。

有的学生担心尝试回忆太费时间，实际上尝试回忆所用的时间会越来越少。表面上尝试回忆是一种“信息的输出”，实际上信息在“输出”的过程中，又被进一步加工和强化了。尝试回忆次数越多，记忆越牢。如果急于赶进度，每天不去回忆旧内容，即使天天学不少新内容，这些内容也容易被忘记，这样，被忘记的内容也一天天多了起来。如果算总账的话，还是使用尝试回忆法的收获大，花费的时间少，记得的内容多。

你可以灵活采用各种方法来尝试回忆。比如：

1.掩盖法

盖住书上的关键部分，试着回忆。比如记英语单词时，可以找出生词表，盖住英文，看着汉语译成英语。或者反过来，看着英文，译成汉语。

2.自测法

可以把要记的内容概括成一个题目，把题干写在远离答案的位置，可以是书上的空白区域，也可以是在笔记本上或卡片上（这时最好注明答案所在的页码，以便于及时查对）。复习时，看着题目，试图回忆答案，然后核对答案。

总之，运用尝试回忆法学习知识的好处在于可以引起我们对答案的注意，让我们集中精力，努力去回忆，使大脑充分活跃起来。如果回忆正确，可以巩固正确的知识；若是错了，或是忘了，可以及时纠正、补充，并获得对正确答案的深刻印象。

要想记得牢，复习要做好

前面，我们分析了艾宾浩斯的遗忘定律，根据遗忘定律，我们发现，人的遗忘是有规律的——先快后慢，根据这一规律，我们建议，要想记住知识点，一定要及时复习。

的确，作为学生，我们一定要重视复习，对某个知识点的不断巩固能加深我们对该知识点的印象，我国大教育家孔子主张的“学而时习之”，说的就是这个意思。

对于知识，要想记住，光弄懂还不够，还要及时复习。在这里，我们还要认清一个问题：学过的东西，即使忘了，也并不是彻底忘了，由于曾经学习过，理解过这些内容，如果加以复习，使这些内容重新出现在眼前，我们就有可能通过“再认”的作用而迅速地回忆起来；即使回忆得不完全，再学习一遍，也比第一遍学习要容易些，因为学习过的东西在大脑里终究已留下了痕迹，这种痕迹在一定的条件下还是可以恢复的。所以即使学过的东西忘了，也不要认为过去的工夫就白花了。

那么，我们该如何复习才能有较好的效果呢？对此，教育专家为我们提出了几点建议：

1.及时复习

心理学的遗忘规律告诉我们：识记一结束，遗忘就开始了。遗忘的进程是先快后慢的。因此，学习结束后要及时复习，趁热打铁。学习后在当天内复习一刻钟往往比一星期后复习一小时的效果更佳，尤其是对于外语单词、符号、公式等意义不强的学习材料。及时复习犹如加固大厦，待大厦倒塌了再修补则为时晚矣。

2.睡前复习

研究表明遗忘的原因之一是活动干扰了记忆。国外有人（Jenkins和

Dallenbear，1924）就做了这样的实验：让两名大学生识记同样的内容，一个熟记后睡眠，一个熟记后仍进行日常活动。结果表明后者的遗忘远远高于前者的遗忘。这是因为后继的日常活动干扰了之前的识记内容，睡眠则无此干扰。因此，若能在每天睡觉前坚持用一刻钟时间将当天学习的重要内容回顾一下，定能取得满意效果。

此外，清晨复习十几分钟也能取得类似效果，这是因为清晨复习没有前面的活动干扰。若能既坚持清晨复习，又能保证睡前复习，当然效果更好。

3.分散复习

遗忘规律告诉我们，及时复习并不能完全解决遗忘问题，还需要不断地定时复习。在定时复习时分散复习优于集中复习，即连续复习两个小时，不如分为四次，每次复习半小时效果更好。此外，随着复习次数的增多，定时复习的时间间隔可逐步延长。

4.试图回忆

有许多同学复习时习惯一遍又一遍地读，实际上这是一种少、慢、差、费的复习方式。研究表明，试图回忆的方式复习更有效。即在阅读材料几遍后，就掩卷而思，尝试背诵，遇到实在回忆不起的地方再重复阅读、尝试背诵。如此反复循环，直到记牢为止，且将全部练习时间的20%用来诵读，80%用来试图回忆的效果更佳。这种方法之所以能提高复习效果，主要是因为它充分调动了思维的积极性，增强了学习反馈；避免了反复阅读不能有效利用时间，被动接受知识的状况。

5.过电影

“过电影”就是指把所学的主要内容、难点内容在脑中逐一闪现，全部回忆一遍。若能顺利、清晰地过完电影，则说明知识掌握得比较牢固。若过电影卡壳，或若隐若现，则说明这些知识有待进一步复习。若在考试

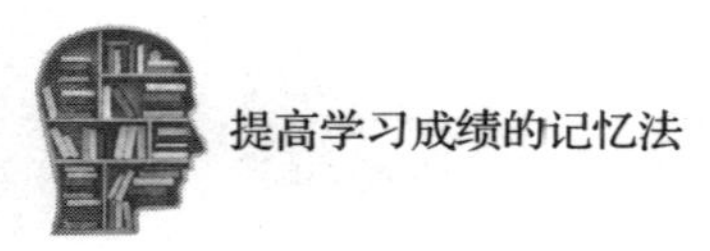

或测验之前，以过电影方式进行心理彩排，不仅可自我考察学习的效果，而且有助于增强信心。“过电影”通常是进行阶段复习或总复习的一种有效方式。

根据以上的几点建议，坚持课后复习、阶段复习、期中复习和期末复习，是与遗忘作斗争的有效对策，是很必要的学习活动。

如何获得超强的联想力

前面我们已经分析过，联想力对于记忆的重要性。联想，是记忆的动力，人们如果能把新事物与已存入记忆库中的事情相联系，能较容易记住新事物。为了获得超级的联想力，学生们需要进行这些能力的训练：

一、观察力

人们对未知注意的事物，印象不深，因为浮光掠影式的观察难以产生对大脑的刺激。要记住事物，首先应学会尽可能全面、仔细地观察事物，每时每刻地练习，直至养成习惯。

观察是记忆的加速剂，细致入微的观察会大大提高人的识记效率。观察又是记忆准确的保证。这包括：

1.对人的观察

大家都记得福尔摩斯对人的细致观察吧。他能从一个人的外表看出许多：这个人的经历、性格、干过什么等。我们要练习对人的观察，看这个人的外形，了解这个人的高、矮、胖、瘦、衣着，再看他（她）的发型、头形、额头、眉毛、眼睛、鼻子、胡子、嘴、脸形、肤色、肤质、下巴、脖子、双手、腰、腿、脚等。

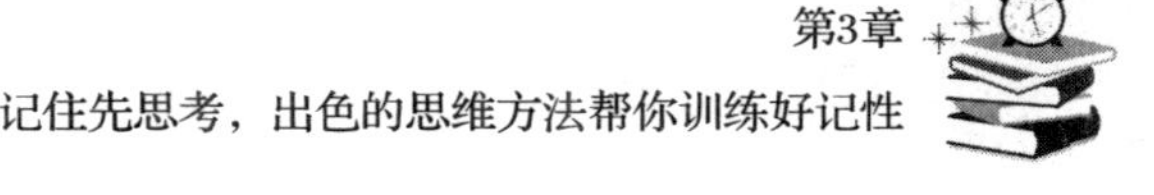

2.对物体形状的观察

观察周围事物的外形，看它是圆的、方的、长方的、椭圆的、扁圆的、三角的、菱形的、S形的还是不规则的，也可以以一种形状为目标进行观察，比如把方的作为观察目标，心里记下所有方形的物体，然后，把它们一一写下来，等第二天再走一次原来的路线和环境，检查一下自己遗漏了哪些。

3.对物体颜色的观察

先列出各种颜色的名称，比如红、橙、黄、绿、青、蓝、紫，然后确定一种颜色，把所有带有该颜色的物体一一记住，如此反复训练。

4.对环境的观察

前面3个训练做过后，就可以对某一特定的环境做观察训练了，比如，在街上观察一下来往的车辆、行人、天空、树木、房屋等。在观察的过程中，考虑所见的事物有什么特别或不正常的地方，比如，走路特别匆忙的行人，样子特别古怪的车，等等。

二、听力训练

看到这里，请闭上眼睛，仔细听一下你身处的环境中有什么声音，要仔细辨别各种声音。比如在图书馆里会听到翻书声、走路声、咳嗽声、桌椅的轻微碰撞声、隐隐约约的说话声、排风扇的声音……

试试看你能听出几种来，经常练习将会大大提高你对声音的敏感程度和分辨力。

三、推测能力

拿一支铅笔，试着把一篇文章中的一个字删掉，比如“是”这个字，边读边删；然后再读一遍看是否已全部删除，每天训练一遍，直到能以极快的速度将所有的“是”字一次删除为止。接下来再尝试删除“这”字，当达到前面所说的水平时，可以尝试删“的”字，再尝试删

“可”字。当你都可以达到前面提到的速度及水平后，找出一篇文章，把“是”“这”“的”“可”等字一次删除，删除后再看自己能否将原文的意思推断出来。

这个练习不仅能训练人的注意力、推断力，还能够大大提高一个人的记忆力。在练习的过程中，你会发现你的记忆力在不知不觉中已提高得让你自己吃惊了——你往往将文章看一两遍就能够默写出来。

四、形象想象力

要有好的记忆力，须将所记忆的对象形象化，用“脑中的眼睛”把它看清楚，比如在“看”一个人时，须“看”清他的衣着、颜色、发型、面部器官及表情、手脚动作等。

试着做以下想象训练，在看完后请闭眼睛仔细想象：

你坐在一间粉红色的房间里，面前是一张黄色的桌子，上面摆了一只洁白的盘子，盘子上面是一个绿色花皮西瓜（或是一个柠檬），旁边摆了一把刀。

你站起来，提刀将西瓜切开。

你一定要清楚地看到，刀尖在一插入西瓜的时候，伴随着轻轻的一声“咔嚓”，西瓜已自己开裂，你又顺势切下，西瓜裂为两半，绿色的瓜表皮，往里是白里透点绿的皮肉，再往里就是红艳艳的瓜瓤，这瓜是沙瓤的，上面露着几粒黑色的瓜籽。

你把西瓜的一半侧过来，切下一片，拿起来咬上一口，那味道真是好极了，甜甜的，带着西瓜特有的清香，别忘了把西瓜籽吐在洁白的盘子上……

以上的想象训练可常做，当你已能熟练想象上面的情景后，可以再练习想象一些色彩不一定很鲜明的事物。像这样的练习，每天只可做一次，只需用5分钟。练习的时候千万要看清楚事物的颜色、形状、动态……

如果想象力不够好，可以先观察一件事物，最好找一件结构、颜色都不太复杂，但外形明晰、色彩鲜艳的事物，仔细观察过以后，闭上眼睛尝试在脑海中再现它的形象，要看清它的每个面、棱角、颜色，甚至要看到材料的质感。

这样练习一段时间后，就可以练习前面提到的训练了。

五、事物联想力

首先进行差别训练。同时观察两件事物或两个人，看它们（他们）有什么不同之处，把它们（他们）之间的所有不同点记下来。

其次要进行逻辑联想训练，试着把本无联系的两件事物联系起来。比如，书和狗，可以想象一个人拿了一本书向狗扔去，或狗在用牙撕一本书。又如眼镜和兔子，可以想象有一只兔子天生有个怪癖——喜欢吃“眼镜”，它的家里有一大堆眼镜，它正坐在这一大堆眼镜旁边大口地嚼眼镜。

最后要做自由联想训练，你可以从一个物体开始自由想象，具体做法如下：

拿一张白纸，写下你想象的起点，比如是“房子”，然后你就专心想房子，想房子时你又想到什么？比如是炊烟，写到纸上记下来，然后专心想炊烟，就这样，想起什么记下什么，看自己在5分钟的时间里能记下多少东西。

检查所记下的东西，你可能会发现有一些事物间带有一定逻辑关系，而有一些则是风马牛不相及的。你会发现自己逐渐将喜欢的、害怕的事物写了出来。因为当你联想时，你的潜意识会逐渐发挥作用，将你引向你的潜意识所关心的领域。这种训练打开了调动神奇的潜在能力的大门，长期练习必将使你受益无穷，有助于你以后的快速记忆学习的提高。

第4章

好记性不如烂笔头，将各科知识点“记录在案”

我们都知道，课堂上只有短短的45分钟，但老师却要讲那么多的内容，要想全都记住，除了用脑子以外，我们就必须得准备一个笔记本，记下老师讲的提纲以及重点内容以便日后复习。很多时候记课堂笔记已经成为了一种学习方法，当然，记笔记不是毫无章法的，需要我们掌握一定的技巧和方法，接下来我们对此进行分析。

好记性不如烂笔头，学习一定要认真做好笔记

对于学生来说，最重要的任务就是学习，学生们都羡慕那些成绩优异的尖子生。其实，那些尖子生之所以能获得好成绩，也并非因为智商超人，而是通过不断的努力，不断的奋斗，才最终获得成功。他们有一条共同的学习经验，那就是记笔记，因为他们深知一个道理：好记性不如烂笔头，把笔记记在课本上，这样方便查找，也不容易丢失。翻看课堂笔记，可以让他们回忆起当时的课堂情景，有助于理解掌握知识。

我们先来听听下面这位学生的分享：

高博就读于某重点高中，且是实验班的学霸，高一分班时，他就感受到了班上高手如云。那个时候，他的语文成绩总是在中上游，他认识到，这样的成绩对于高考不利。因此，在平时，他就有意识地优先语文的学习，也为此制订了学习计划。

在实施计划过程中，高博主要还是跟着老师的节奏走。

第一轮复习主要是回顾课本，掌握基础知识。“这一阶段一定要做到扎实，老师布置的任务一定要不折不扣地完成，如果将任务拖到第二轮复习，那就麻烦了。”除了跟上老师复习的进度，高博自己还另有“独门诀窍”。他平时随身带有几个小笔记本，其中两个就用在语文方面。一个是专门的字、词集锦，将平时所见的容易误读的字和容易望文生义的词语（主要是成语）全部收录，然后利用晨读时间大声朗读以加强记忆；一个是文摘集锦，专门收集一些俗语或从报刊中摘录的一些他认为比较好的文章、段落、句子等，如果想要摘录的东西太长，就把它裁剪下来粘贴到本子上，晚上睡觉前躺在床上拿出来翻翻，这样既可以记忆也可

以帮助入睡。

“直到后来我才发现这些积累对我有多重要。我在今年高考前三道考查语音、字、词、句的大题中，一分未失。”

从高博分享的语文学习心得中，我们看到了记笔记对于记忆的重要性。每一位中小学生，你们也应该养成勤记善记的好习惯。

其实，课堂笔记有助于锻炼我们的语言能力。因为记笔记包含了一个由感知转化为联想、分析、综合，再转化为文字表达的比较复杂的思维过程。记笔记要求个体维持一种合适的内部心理定向以具体地操作知识信息。因时间和空间有限，我们随堂在书上做笔记，不可能长篇大论，把课堂上所讲的内容一一记下，也不能乱写乱画，最后搞得自己也看不清。这就要求我们在课堂上边听师生发言，边筛选、提炼重要的、有价值的信息，即思忖该怎样言简意赅地记录。经过一段时间后，你会发现，你的笔记做得简洁明了，干净整洁。经过日积月累，不但你的词汇量会大大增加，你的书面表达能力也会大大提高。

更重要的是，记笔记能帮助你养成良好的学习习惯，比如，在语文学习中，语文老师布置你预习课文，但他不会检查，自觉的学生会读几遍课文，而对于不自觉的学生，这样的作业也就是形同虚设而已。即使老师提出预习要求，如果不进行反馈检查，那么，相当一部分学生的完成效果也不理想。出现这种现象，源于这部分学生没有养成良好的读书习惯。很多学生读书没有目的，一读而过。俗话说得好：“不动笔墨不读书。”如果你养成了做课堂笔记的习惯，只要一拿书，你就会动笔写写画画，总想在书上留点东西。久而久之，你会在课堂笔记的实践中逐渐养成了良好的读书习惯。

当然，课堂笔记，要记些什么内容，也是有章可循的，对此，教育专家们为我们分享了一些经验：

笔记可记：老师反复强调的；相似知识的对比；课文内容与现实相联系的时政知识点；分散知识的归纳综合等。

另外，记笔记不要将老师讲的内容照搬不误，而要“记得精炼”。所谓“记得精炼”，指的是笔记的内容要有选择，有所取舍。老师在课堂上讲45分钟，内容繁杂，有些是“题外话”，有些是你已经很熟悉的内容，这些就不必记了。而你不熟悉的、重要的内容，则一定要记下来，不好理解的、有疑问的，可以在书上做个记号，便于课后思考或者问老师。

总之，如果你能养成在课堂上做笔记的好习惯，你的学习和记忆效率一定会有所提高。

把听课做笔记作为一种自觉的行动

前面，我们已经分析过，记笔记是课堂学习的重要方面，也是记忆知识的重要方法，所有的教师都强调要做课堂笔记，每个学生也应该从提高学习效率和学习成绩的高度去认识做课堂笔记的意义，要让做课堂笔记成为一种自觉的行动，而不能高兴就做，不高兴就不做。当然，我们做笔记还必须养成良好的记录习惯，因为做笔记的目的是为了真正掌握知识，而不是走形式。

我们先来看看下面这位高三学生的学习心得：

“现在我高三了，从初一那年开始，班主任老师就告诉我们要搞好学习就必须做笔记，一味地依托于书本是不行的，记笔记并且吃透笔记，才能获得好成绩。我一直谨记这一点。我的书柜中装满了各科的笔记，当我记不清某个知识点时，我都会拿出以前的笔记本，久而久之，所学的知识都已经被我装进脑子里了。我记笔记有一些习惯，比如，对于重要程度不同的知识点，我会用颜色不同的笔标出；在笔记本的右侧，我会单独留出一个空白的地方，以便以后补充新的知识点；还有，如果是疑点难点，我也会用记号标出来……”

从这位学生的陈述中，我们看出他是一个很会记笔记并且整理笔记的人，这就是一种良好的笔记习惯。那么，该如何培养自己良好的笔记习惯呢？具体来说，你可以做到：

（1）整理你的笔记。每门课都要有它单独的笔记本。如用活页笔记，则要及时整理归纳。

（2）在课堂上不要乱涂乱画或编结什么东西，这些手的活动会影响做笔记，影响思想集中，打断与老师眼神的接触。

（3）学业上要有进取心。要努力做到集中注意力，把老师对每一题目的讲解都记录下来。

（4）要熟悉老师的讲课格式。老师通常是根据一套笔记来讲的，这套笔记遵照他们自己的组织格式，你要认准这个格式。

（5）笔记的字迹要清楚，以便今后复习时节省时间。

（6）使笔记完整清洁，那么几个星期或几个月以后，你也能知道它们的含义。但是不必用完整的句子记录，因为记笔记是一个选择、压缩和概括的过程。

（7）你认为你可能遗漏了的词、短语或思想，在笔记中要为它们留出空位，课后马上请教老师或同学，将这些空白填满。

（8）常见字和一些常常出现的术语要用缩写形式。这能给你更多听和写其他内容的时间。

（9）用记号（如星号、箭头或下划线）来注出教师强调的地方。

（10）将与讲课混在一起的作业另外列开，同样，将老师提到的书本或其他参考资料记下来并另外列开。在你进一步阅读时，这些都是有价值的指南。

（11）将你自己的思想与教师的思想分开写。把问题、你自己想出的例子、想法和参考材料写下来是一个很好的做法，但一定要用括号或其他符号指出，这是你的而不是老师的想法。

（12）对于线索要机警灵活。老师常常会说“你们以后还会明白这一点”，或者“这是很重要的”，或者“这是个常见错误”。在边线外，记下这些话所指向的内容，并用星号或其他符号标注。要注意听含列举性质的话：“下面是这一过程中的四个步骤”，以及“最后”“因此”和“还有”，因为这样的词句可能告诉你后面要讲重要的内容。注意其他的转折词、短语或句子，它们可能表示一个主要思想已经讲述完毕，接下去要讲另外一个了。

（13）记下老师所举的例子。这些例子常常能作为抽象的思想的补充说明。用特别的记号如eg标出它们是例子。

（14）在老师讲课结束时，你要像讲课开始时一样严密注意。因为老师讲课的速度并不总是很精确地计算好的，他们可能不得不把一半内容塞在最后五或十分钟内讲。你要尽快地把这些挤在一起的结尾记录下来。如有需要的话，下课后，你还可以在座位上多留几分钟，尽量将你所能记住的东西都写下来。

（15）课后立即将你自己另外的想法写下来。

（16）课后复习笔记内容，如有需要，将笔记的结构改进一下。就像别的技巧一样，听课和记笔记需要实践。如果真正努力去做了，你很快就能跟上一位讲课讲得最快的老师的速度了。

总的来说，按照以上这些要点做笔记，你一定能做出一份“漂亮”的笔记，相信它能帮助你提升对知识的记忆效果和学习效果。

课堂笔记到底该记些什么

作为学生，我们都知道，最重要的学习活动之一就是听课。但要想获得知识，只是听课是不够的，记忆能力好的学生可能会记住老师讲的大部分内容，但是记忆能力相对弱的学生，很快就忘了老师讲过的内容，回家做作业就会觉得很吃力。因为每天的课都是新旧衔接的，这些记忆能力相对弱的学生第二天听起课来自然更费力，久而久之，就形成了恶性循环。

那么，如何突破这种恶性循环呢？方法在于记住课堂内容，为此，每位老师都建议学生们做好课堂笔记，将课堂内容“记录在案”，这样自然不容易忘记。记性再好也不如把课堂内容写下来，等哪一天想不起来，只要拿出笔记一翻，立刻就能回忆起来。

研究表明，听课后马上测试，学生一般能记住10分钟讲课内容的一半，48小时后再测试，则只能记住其中的20%。如果我们把听课的内容加工整理成容易理解和记忆的课堂笔记，则可以弥补听过容易遗忘的不足。因此，记笔记是十分必要的。

一般来说，笔记记录下来的都是上课时老师讲的重点难点内容，也就是说，是这一堂课的精华所在。回家做作业碰到不会的问题，只要拿出当天的笔记，看看上课的时候老师是怎么讲的，难题自然就会迎刃而解。如果在做作业的过程中发现通过查看笔记还有不能解决的问题，这个时候就要把问题也写进笔记中，第二天可以主动问老师或在老师讲解的时候认真听讲，并把答案记下来，过一段时间就要翻看一次，这样就能牢牢记住重点、难点内容。

做笔记很重要。然而，一些人认为，最好将老师在课堂上所说的内容全部记下来，这样才不会有遗漏。其实不然，老师讲课的内容繁多，并不是所有内容都是我们需要的，并且，如若将精力都放在记录老师讲的一字一句上，我们就无法很好听课，无法对知识理解透，课后就要花更多时间去消化和理解，这难免舍本求末。为此，我们要明白，做笔记并不是把老师讲的每一句话都记下来，而是讲究方法和技巧的。那么应该怎么做笔记呢？

对此，很多学习成绩佼佼者为我们提供了一些记笔记的经验。

你首先应该明确的是：你应该把主要的精力放在听和理解上面，课堂笔记主要记以下内容：

（1）课堂内容大纲。你应该很清楚你不可能也没有必要把老师的课件上的内容或老师讲的每一句话一字不落地记下，你只需要记下老师列出的提纲就可以了。

（2）老师强调的重点内容。

（3）老师补充强调但书本上没有的内容。

（4）结合老师讲课的内容，你个人需要加强的知识。

（5）疑点。若对老师在课堂上讲的内容有疑问，应及时记下。这类疑点，有可能是自己理解错误造成的，也有可能是老师讲课疏忽造成的。记得课后及时和老师沟通。

（6）方法。勤记老师讲的解题技巧、思路及方法，这对智力和解题技巧的培养都有好处。

（7）总结。注意记住老师的课后总结，这是一堂课的内容的浓缩，对于找出重点及各部分之间的联系，掌握基本概念、公式、定理，融会贯通课堂内容都很有作用。

课堂笔记的内容应当简明扼要，最好做到既有观点、又有材料；既有主干，又有枝叶。所以记录课堂笔记也是有一定技巧的：

（1）不要记得太紧太密，每页右边留下约1/3的空白处，以便日后补充、修改。

（2）用词用语要简洁，使用频率较高的词语可用代号。

（3）写字要快、对字迹的要求不必太高，能看清就行。

（4）注意听课与看书结合，有些内容可直接在书上做批注。

（5）使用不同的颜色的笔，如有蓝色和红色两支笔，你可以用蓝色笔记录，重要的内容如：概念、公式、定理用红色笔标注出来，这样在以后复习时，你只需看一下提纲就可以进行联想了。

你需要记住的一个原则是，无论如何，记笔记不是目的，只是学习方法。我们千万不能因为记笔记而影响听课。如果埋头记笔记，老师讲的什么反而没有听清楚，或者只是听见了记下来了，但是没有动脑筋思考，这样就会很糟糕。

另外，对于老师在课上讲的例题，没有必要完全照抄整个解题过程，你只要把最重要的解题关键点记下来就可以了，以后再看到这个题目时候，看一下记下的几个关键点，你就能回想起来具体解法。

当然，课堂笔记不是记录过之后就万事大吉了，之后还要懂得如何使用：

（1）每天都要拿出笔记本，然后根据记下的课堂内容大纲回忆老师在课堂上讲解过的内容，包括每一个细节，实在想不起来再看看课堂笔记。这是一种很有效的学习方法，能够减缓对知识的遗忘。

（2）复习时不忘整理笔记。课堂笔记难免有疏漏，为此，你不妨补充笔记中的省略部分，将简化符号复原，对重点部分核实，将未听懂部分弄懂，使笔记进一步条理化、系统化。

掌握以上几点记课堂笔记的原则，相信你一定能从笔记中有所收获。

掌握读书笔记的几种形式

作为学生，我们都知道，除了课内学习外，还有课外学习，比如阅读一些课外读物时，我们也要做读书笔记。读书笔记，是指人们在阅读书籍或文章时，对有价值的内容和自己的心得、体会的记录。古人有条著名的读书治学经验："读书要做到：眼到、口到、心到、手到。"做读书笔记就是"手到"。

那么，为什么要做读书笔记呢?

打个比方，如果你去花店买了一束花，回到家之后，你要将它插在花瓶里，但是买回来的花需要修剪枝丫和根茎。读书也是一样，一本书中并不是所有的东西都是我们所需要的。正如帕累托法则所说，一本书中只有20%的精华，而其余80%只是作铺垫，所以没有必要通吃整本书，而做读书笔记能帮助我们取其精华。

平时就养成阅读记笔记的习惯，还能帮助我们对阅读过的内容更好地进行记忆，否则，一些课外读物，我们阅读完也就忘记了。其实，那些被我们羡慕的高考状元们在阅读课外读物时也都有做读书笔记的习惯。那么，读书笔记该怎么写呢?

读完一篇文章或一本书后，我们应根据不同情况来写好读书笔记。常用的形式有：

1.摘要式

所谓摘要式读书笔记，指的是在阅读时将自己所需要的内容，比如语句、段落等按原文准确无误地抄录下来的笔记。在摘抄原文时要注意标注明出处，比如作者、题目、页码、出版日期和单位等，这样摘抄有利于日后查找和核实。

对原文进行摘录，并不是眉毛胡子一把抓、全部摘抄，而应该有所选

择，选择的标准是否有用。摘要式读书笔记可分为：

（1）索引。索引读书笔记是只记录文章的题目、出处的笔记，如书刊篇目名、编著者、出版年月日、藏书处。如果是书，要记册、章、节，如果是期刊，要记期号，报纸要记年月日和版面，以便日后查找。例如：庄照：《也谈为谁立传》，《光明日报·〈史学〉》。

（2）抄录原文。抄录原文读书笔记就是照抄书刊文献中与自己学习、研究有关的精彩语句、段落等作为日后应用的材料的笔记。摘抄原文要写上分类题目，在引文后面注明出处。

2.评注式

做评注式读书笔记不单要摘录，而且要把自己对读物内容的主要观点、材料的看法写出来，其中也包括笔记作者的感情。做评注式笔记有时要对摘录的要点做概括的说明。评注式笔记有下列几种：

（1）书头批注。书头批注，是一种最为简单的做笔记的方法。顾名思义，就是在阅读的时候，把书中自己认为重要的内容进行标记，或者在空白处加批注，或者是折页、夹纸条作记号等。这种笔记方法不但能加深我们对书中知识的理解，也有助于日后的查找。

（2）提纲。提纲式笔记，顾名思义就是用列举纲要的形式将一本书或一段学习材料中的重要内容叙述出来的笔记。可按原文的章节、段落层次，把原文的内容精练成提纲写出来。

提纲读书笔记可以运用自己的语言，也可以运用自己的语言与原文中的语言相结合的方法来书写。

（3）提要。提要和提纲不同。提纲是按照章节，段落层次写出来的要点，提要则是综合全文写出的要点。提要可以完全用自己的语言扼要地概括读物的内容，除客观叙述读物内容外，带有一些评述的性质。另一种提要，是对一篇文章或一本书的内容作简要的说明。

（4）评注。读完读物后对它的内容加以评论，或对疑难之点加以注释，这样的读书笔记叫作评注笔记。例如，鲁迅读《蕙櫋杂志》中的一段后所做的笔记：清严无照《蕙櫋杂志》：西湖有严嵩和鄂王《满江红》词石刻，甚宏壮。词即慷慨，书亦瘦劲可观，末题华盖大学士。后人磨去姓名，改题夏言。虽属可笔，然亦足以惩奸矣。

（5）补充原文。补充原文的读书笔记，是在读完原书或文章之后，对感到有不满足的地方进行补充的笔记。需要注意的是，补充原文不是随意地加以补充，而是要围绕中心思想加以引申或发挥。

3.心得式

心得式读书笔记，指的是在阅读完材料后写出自己的感想和心得或在读书之后写出自己的认识、感想、体会和得到的启发与收获的一种笔记。它有如下几种：

（1）札记。札记是把读书时摘记的要点和心得结合起来写成的。札记的形式有很多，且灵活多变的。

（2）心得。心得笔记也叫读后感。这些读书笔记，可以是读书时的心得体会，也可以是对原文的某些论点的发挥或批评、意见。写这种笔记，一般是以自己的语言为主，也可适当地引用原文。

（3）综合笔记。综合读书笔记是读了几本或几篇论述同一问题的书文后，抓住中心评论它们的观点，提出自己看法的笔记。

总之，作为学生，不只是要做课堂笔记，在平时的阅读中也要做读书笔记，这不仅能帮助我们提高阅读的效率，能更好地记住所阅读的内容，而且能提高我们的写作能力。

分清主次，注意筛选笔记内容

作为学生，我们都知道，课堂时间只有短短的45分钟，为了能真正记住老师讲课的内容，我们都会尽量将老师的话记下来。但实际上，老师讲的并非全都是重点，也就是说，你所记的笔记的内容应该有主次之分。那么，哪些是主要内容呢？

也许有些学生会回答，主要内容不就是老师反复强调或者要求大家记录下来的吗？的确，老师多次重复或要求大家记下来的肯定是重要内容，但除此之外，也还有一些别的内容是主要的，我们自身还应注意筛选笔记。

那些成绩好的学生都不会将老师讲的每句话或者黑板上写的每个字都记下来，因为这样做既困难也无必要。

那么，我们该怎样确定哪些内容该记，哪些内容不该记，哪些该详记，哪些该略记呢？对于不同学科，笔记的主要内容是有差异的；即使是同一学科，不同阶段的学习任务也是各不相同的。因此，笔记内容要根据不同学科和不同阶段的学习任务而定。排除这些差异，就一般情况而言，以下内容是应该记录的：

第一，板书。老师在讲课过程中，往往会把本节课讲述的要点、层次结构、内在联系、重点难点用简洁的语言、整齐的句式抄写到黑板上，这就是板书。板书是老师所讲内容的纲目。记好板书，有利于我们理清教材的知识结构和各部分知识的内在联系，有利于我们更好地掌握教材中所提及的事物的本质和规律，所以一般应完整地记下主板书中除理科题的演算过程外的内容。

第二，重点难点。记笔记时，既要注意老师讲解的知识，更要注意抓住讲解的重点难点，有针对性地记下关键语句。要注意记下老师提醒的应注意的问题和强调的容易出错的地方，记下基本概念的要点，基本原理、

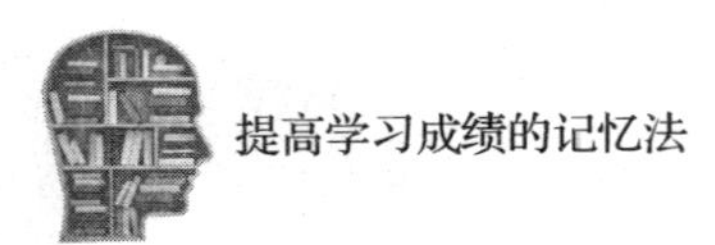

定理、规则等的主要论据、论证方法、运用范围及运用时要注意的问题等。老师在讲到重点或难点内容时，总会有一些暗示的：他们或者在讲前故意停一下，以引起你的注意，或者在讲后把内容重复一遍，以加强你的记忆。我们要悉心观察，及时笔记。

第三，归纳总结。归纳总结是老师对一个课时、一个章节的内容的概括总结，往往是对重点内容的概括，是经过老师筛选、浓缩的知识。如果我们能够准确而有条理地把归纳总结记下来，就可以减轻学习上的许多不必要的负担，少走许多弯路。老师在归纳总结的时候，总会放慢速度，加重语气，反复强调，配以板书，辅以手势等，这时我们就应提醒自己抓住时机，记好笔记。

第四，典型事例及重要例题的参考答案要点。记下典型事例，可以加深我们对重要内容、定理、公式、概念的理解，便于课后的对照复习。记下参考答案要点，可以减少重复劳动和无效劳动，减少复习的盲目性，增强复习的针对性和目的性，提高复习效率。

第五，补充内容。要记下老师根据实际补充的课本之外的重要内容。

第六，讲课思路。思路是老师分析问题和推导结论的过程，它体现老师的思考方法和对教材的透彻理解。记下老师讲课的思路，学会老师分析问题的方法，既可以让我们尽量避免错误，又有利于启发我们的思维，打开我们的思路，提高我们的思维能力。

第七，听课时的疑问、想法或体会。听课时有听不懂的地方或不能及时解决的问题，应及时记录下来，留在课后落实；听课时也可能有一些新的想法，如新的论证角度，新的解题方法等，要及时记录下来，留待课后证实；应敏捷地捕捉转瞬即逝的“思想火花”，并把它记下，以深入地探讨问题。

第八，老师介绍的学习方法和各种题型的基本解法。

因此，即便我们都承认笔记的重要性，但记笔记也并不是记得越多越好，而是应该分清主次记住重点，只有这样，才能使笔记既精炼又有价值，也才能让笔记真正为我们所用。

经常整理笔记，真正吃透知识

在学习过程中，我们都被告知要认真做笔记。我们已经认识到笔记，对于随后的学习和复习都是非常宝贵的；它还能帮助我们克服头脑中短时记忆和储存知识的局限性，进而牢牢掌控知识。

做笔记的人比那些不做笔记的人在测验和考试中成绩要好得多。在一项实验中，实验者在课堂结束的几个星期之后，对听课者进行了一次测验，做笔记的人获得65%的分数，而不做笔记的人只得25%的分数。听课者的测验结果出现了这样的差异，是因为做笔记的人在测验前能够按照笔记进行复习和背诵，而其他人只能依靠对课堂内容仅剩的记忆面对测验。

然而，要让笔记真正成为我们学习和记忆的帮手，并不是将知识记下来就可以了，还要经常整理笔记。整理笔记的过程其实就是不断复习知识、精简知识并将其转化为记忆的过程，在这一过程中，我们可以更好地意识到自己的问题。

可能我们有时候会有这样的感觉，在上课的时候，似乎很多问题已经明白了。在这种情况下，我们也应该把这些问题记下，在整理笔记的时候，我们就能思考每个出现过的问题，如果发现自己并未吃透某个问题，你可以好好利用老师的答疑时间或者下节课时提出自己的疑问了。假如我们没有把问题记下，我们也就难以这样查漏补缺了。

下面是一名成绩优异的初中三年级学生的学习经验：

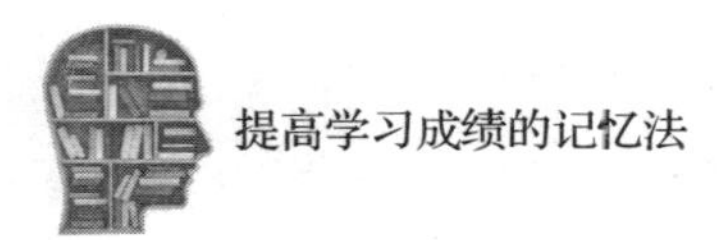

上学期的时候，我们的学习还比较轻松，但这学期，我们的学习就变得紧张了，我知道，这是从初二生活到初三生活的过渡。一开始的时候我也非常的不适应，但是经过自己的努力，我及时的调整了自己的学习状态，为自己定好复习计划。那年中考，我竟然超常发挥。在这里，我说下自己的复习方法：第一就是勤做笔记，第二就是善于做笔记，第三就是时不时整理笔记。所以，我想告诉大家的是，一定要重视笔记，不仅要勤做笔记，更要经常整理笔记。另外，跟着老师的复习进度推进很重要。

从这位学生分享的经验中，我们看到了整理笔记的重要性。由于种种原因，我们在课堂上所做的笔记，往往较杂乱，课后觉得不好用。为了巩固学习效果，积累复习资料，我们确有必要整理课堂笔记，使之成为清晰、有条理、好用的“导读助练”的参考资料。

对课堂笔记进行整理、加工的方法与程序大致是：

（1）忆。也就是回忆。整理课堂笔记，一定要趁热打铁，下课后抓紧时间，从课本出发，及时对与笔记有关的信息进行回忆，这是整理笔记的重要前提。

（2）补。在课堂上，因为我们要一边听课，一边记，所以我们当时做的笔记很容易有缺失的内容，也有可能出现漏洞和错字等。在忆的基础上，及时做修补，使笔记更完整。

（3）改。课后要认真阅读笔记，找出其中的错字、错句及其他不够准确的地方，然后进行修改。特别要仔细检查与解答课后练习，与教学（学习）目的有关的内容的修改，确保笔记的准确性。

（4）编。编写笔记内容时，可以用统一的序号，对笔记内容进行提纲式的、有逻辑的排列，注明号码，梳理好整理笔记的先后顺序，使笔记更有条理。

（5）分。以文字（最好用红笔）或符号、代号等划分笔记内容的类别。例如，哪些是字词类，哪些是作家与作品类，哪些是作品（课文）分析类，哪些是问题质疑、探讨类，哪些是课后练习题解类等。为分类抄录做好准备，这样能使笔记有“系统性”。

（6）舍。对于笔记中无关紧要的内容，可以删除和省略，让笔记更简明扼要。

（7）记。分类抄录经过整理的笔记。同类的知识，抄在同一本子上，或一本子的同一部分里，也可以用卡片分类抄录。这样，日后复习使用就方便了，按需所取、纲目清晰、快捷好用。

总之，掌握整理笔记的几大程序，你一定能整理出可靠的笔记，然后吃透笔记，掌握知识。

第5章

记忆法因人而异，找到你的最佳记忆秘籍

在学习过程中，可能很多学生都有这样的疑问：到底什么记忆方法才是最有效的呢？听老师的话就一定能学好吗？多背诵就能学好吗？笔记记得越详细就越好吗？众多成绩优异的学生们的学习经验告诉了我们答案：不是！他们都有自己的个性记忆方法，其实，记忆方法是多种多样的，每个学生都应根据自己的特点，逐步摸索出一套适合自己的好的记忆方法，因为只有适合自己的方法才是最好的方法，才能帮助你高效地记忆和学习。

找到适合你自己的记忆方法

一个学生，怎么提高学习成绩？除了努力以外，还要找到适合自己的学习方法。适合你的学习方法，才是有效的，记忆作为学习中重要的一环，其方法也是如此，别人的记忆方法可能确实能帮助别人提高记忆效率，但对你未必有用。你需要了解别人的记忆方法，但不是照搬，而是在别人方法的启发下，制订一套适合自己的记忆方法。让我们先来看看下面这位学习尖子生的记忆心得：

王丹丹是一名初三学生，她的成绩在学校乃至整个区中学都是名列前茅。中考成绩出来后，她是全市第一名，在接受采访时，她说："不存在一套适用于大多数人的记忆方法，每个人都应该去摸索适合自己的方法。""学有法，无定法，贵在得法。"王丹丹与同学们分享的第一点秘诀，就是关于记忆方法的。

王丹丹说，就她个人而言，归纳、总结是记忆与学习的基础。她会建立一个个性化的资料库，对一些典型的、常见题目进行总结，找到一些通解、通法，这样，在面临同一类问题时，就能迅速反应，想出解题方法。"以语文中的诗歌鉴赏题为例，我会先通读，连作者简介和注释都不放过，然后是细读，寻找其中的主题思想、意向，最后就是答题。"

"我们一定要牢牢掌握好基础，打好记忆大关，因为基础题占据了试卷的一大部分，稍后才是中档难度的题目。"王丹丹说，她曾经也有过数学压轴题满分，第一道选择题就丢分的经历，在她看来，记忆是学习的重要部分，是拿到基础题分数的关键。

的确，如王丹丹所说的，每个人都应该有自己的记忆方法。也就是

说，学习过程中，不管采用哪种记忆方法，都决不能盲从，适合自己的才是最好的。

也许你羡慕那些成绩优异者，并且会经常向他们取经，这是好事，但我们要明白，我们可以求教，可以借鉴，了解他们是怎么记忆知识的，但一定不能盲从，不能机械地照搬。别人的记忆方法也许只对别人有效，而对你却未必。在学习中只有认真地分析自己的实际情况，准确地认识和把握自己，采取切实可行的模式、方法和手段，才能收获希望的果实和满掌的阳光。

学习知识，切忌简单抄袭，适合别人的不一定适合自己。别人曾经走出了一条路，自己用同样的方法，朝同样的方向，却不一定能收到相同的效果。每个人因为自身的情况不同，对学科掌握的程度不同，所以适合的方法也会有所不同。每个人应该相信自己的方法，切不可邯郸学步。记忆方法多种多样，重要的是，制订适合自己的方法，方法对了，效率就提高了。

有一位学生，在谈到自己是如何记忆知识时，说道："我平时喜欢把各科知识点分类整理，做成图表，这样就构成了一个"知识图表"，好记性不如烂笔头，做好并掌握这样的图表，就能理清各种知识点的纵横关系，这样，知识也更形象鲜明，便于掌握和牢记。"

然而，他的另外一位同学谈到自己的记忆方法则完全不相同，这位同学整理知识网络的做法是：用脑而不是用手。这位同学说："我没有这么勤快，我仗着脑子好使，就将知识在大脑里整理。我觉得动笔记东西有一个缺点，那就是写在纸上的东西保留了'信息'的形式，当有一部分无法完全记忆时，你总要回到纸上来现找，费时费力，形成所谓的对笔记的依赖。"

可见，我们要找到只属于自己的学习和记忆方法，不要盲目地追随别人。适合自己的才是最好的!

与其背诵，不如复述

我们都知道，人获取知识的方式有很多种，其中就有记忆，对于学生来说，对于书本知识的记忆，他们采取的多半是背诵的方式，比如，语文中的课文，英文单词或者历史、地理、政治等文科的知识点等。然而，背诵就是最好的记忆方式吗?

当然不是，很多学习成绩优异的学生记住知识都不会通用死记硬背，而是采用复述的方法。因为复述需要熟悉原文，因此，学会复述还有利于我们理解原本的知识，从而提高我们的语言表达能力。

复述法是巩固理解记忆的最好办法之一。这种方法需要你合上课本，根据自己的理解，把要记忆的知识说一遍。注意，一定要说出声来。最好是请一位同学看着课本，你大声说给他听。知识经过自己的嘴被说出来，是会记得很清晰的。有的同学在帮助一位生病缺课的同学补课的过程中发现，补的那几课记得特别牢，这就是因为他在理解的基础上又复述了一遍。所以，交上几个好朋友，课后在一起互相考课文，逼着自己复述课上的内容，对记忆所学的知识是很有帮助的。

从认知心理学看，记忆分为瞬时记忆、短期记忆和长期记忆。其中记忆时间最短的瞬时记忆经过“注意”过程可以转为短期记忆，短期记忆中的内容经过“复述”过程可以转为存储时间最长的长期记忆，其中“复述”过程就是重复记忆。

心理学家艾宾浩斯的遗忘规律也告诉我们，遗忘是先快后慢的，因此我们要及时复习和记忆所学过的知识，重复记忆将会使记忆得到强化。

无论是背课文或者单词，很多学生的注意力往往都会集中在文字的编排上而不是对文章的理解上。不过，我们也不能否认，有些学生是理解之后背记的。如果只是通过单纯的背诵，那么，充其量这些语句只会进入语言中枢的浅表层，只能成为短期记忆，这些东西还没有和更深层次的思维建立联系，自然就无法成为长期的记忆了。一些学生在老师的教导下只会机械地背诵，甚至都不知道所背的内容是什么意思。如果让他们输出，他们只能做到有上句接下句的层次。而且通过这种背诵所记下的知识，被遗忘的速度会非常快。而复述，要求我们将输入的语言信息完全理解了，该转化的都转化了。让其在脑子里面转了一圈，然后再用我们自己的语言讲出来。那么，通过这种方法获得的知识更能被我们记住。

因此，学生们，别再一味地把背诵当成唯一的记忆方式了，尝试着去复述知识，也许你会记得更牢固。

自我复述记忆法是把识记材料变成自己的话，以达到加强记忆的目的的一种方法。这是一种很有用的且适合高中知识的记忆方法。

首先，为了能把识记材料复述出来，集中注意力是必不可少的。注意力的集中加深了识记材料在大脑中的痕迹。

其次，想把识记材料复述出来，理解是必须的。不理解就无法把书上的文字或图形变成自己的话。因此，要防止死记硬背。

为此，那些成绩优异者为我们分享了复述的方法和原则：

1.复述的方法：记忆不是死记硬背，要有灵活性

以学习英语为例，复述就是一种很好的自我训练口语、记忆单词和句子的形式。复述有两种常见的方法：一是阅读后复述，一是听磁带后复述。后者更好些，因为这种方法既能练听力，又能练口语表达能力。同时，这种方法可以提高注意力的集中程度提高记忆力，克服听完就忘的毛病。

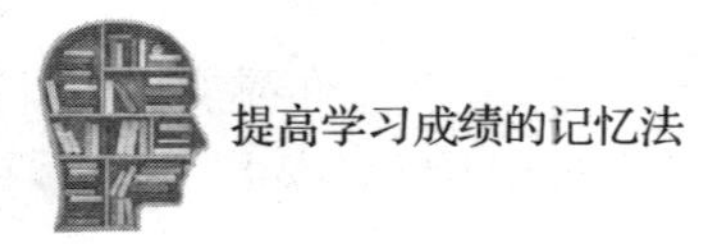

2.复述的原则：循序渐进

同样，以学习英语为例，你可先由听一两句话开始，听完后用自己的话（英语）把所听到的内容说出来，一遍复述不下来，可多听几遍，练得越多，遗忘就越少。在刚开始练习时，因语言表达能力、技巧等方面原因，往往复述接近于背诵，但在基础逐渐打起来后，你就会慢慢放开，由“死”到“活”。在保证准确的前提下，复述的语言可更为灵活，如改变句子结构，删去一些不大有用或过难的东西，长段可以缩短，甚至仅复述大意或作内容概要。

复述的内容也要有所选择。一般来说，所选资料的内容要具体生动，有明确的情节，生词量不要太大，可选那些知识性强的小短文，开始时可以练习复述小故事，有了基础后，复述的题材可扩展开些。

复述看似费时而让人所获甚少，实际上对我们综合能力的培养很有帮助。如果时间较充足，我们可以在口头复述的基础上，再用笔头复述一下，这样做不仅可以帮助我们记忆，还可以加深我们对语言的掌握，提高书面表达能力。

“不求甚解”法：把疑问暂时“冷藏”起来

可能很多学生在记忆知识的过程中，都遇到过这样的苦恼：随着知识储备的增多，自己对知识的疑问也就增多了，此时，该怎么办？是不断寻求答案还是暂时搁置？通常来说，有三种解决方法：

第一种是通过自己的思考和求证找到答案；

第二种是请教老师或同学，再或者是查阅资料解决；

尝试了第一种和第二种方法后，仍是不甚了解，又该如何处理呢？

弃之不顾，当然不可取；死钻牛角尖，也不明智。这时候该怎么办？你可以用第三种方法——“不求甚解”法来对付它。

那么，什么是“不求甚解”法呢？就是把疑问暂时“冷藏”起来，不要让疑问妨碍自己对新知识的学习。随着对新知识的不断掌握与巩固，在经过一段时间之后，可以重新思考前段时期的疑问。经过对新知识的掌握和旧知识的复习，新旧知识，融会贯通，往往过去的疑问便能迎刃而解。有时甚至在学习新知识的过程中，我们会突然想起过去的疑问，豁然开朗，可谓“踏破铁鞋无觅处，得来全不费功夫”“山重水复疑无路，柳暗花明又一村”。这就是“触类旁通”之妙。

“我是个随意的人，平时与同学们在一起也是大大咧咧的，学习上更是如此了，我不喜欢钻牛角尖，遇到不懂的问题，我周围不少同学都会认真去求解，甚至找不到答案誓不罢休，而我则不是，我的口头禅是：‘放一放吧，也许答案回头自己就出来了。’实际上，我说的这种方法对我真的很有效，比如高一的时候，我产生了一个物理上的疑问，那年暑假我预习下学期物理课本时就找到答案了。我们的知识总是在不断增长的，前面我不懂的问题，新的原理、概念能帮我解决。从前我认为多么难的问题，随着学习课程的深入，我发现，那些问题已经不再是问题了。”

从这段表述中，我们大致明白了“不求甚解”法的妙处。当然，正如他所说，问题的答案会自己“站”出来是因为我们知识储备量的增多，也就是说，只有学好新的基础知识，我们才有可能有新的知识层面，才有解决问题的可能。

对于处理学习中的疑问的方法，一位学霸说：“到了高三以后，我们都进入了紧张的备考中，也就是总复习阶段。总复习共有三遍，第一遍是按章节进行复习，主要目的是弄清每个知识点；第二遍要打乱章节顺序，按专题进行复习，目的是从宏观上对知识有一个再认识；最后一遍复习是

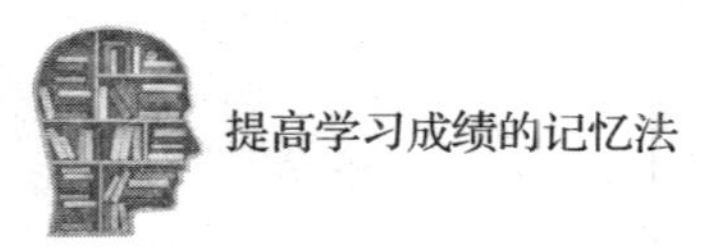

查漏补缺，主要是对经过前两遍复习后仍未掌握的知识进行强化复习。

大家都认为复习的次数越多，对知识就掌握得越牢固，我不这样认为。如果复习质量不高，复习多少遍也不会把知识掌握牢固。如果真是踏踏实实地按老师的安排复习三遍，参加高考就一定没问题。而许多高三的学生往往都有急功近利的心理，他们确实很努力，很辛苦，他们看不起每一科最基本的定义、定理，认为高考不会考这么容易的东西，所以他们赶在老师安排之前，狂做高考模拟题，这样必然造成基础不扎实，从而使提高答题技巧成为‘无源之水，无本之木’”。

从这位学生的话中，我们可以看出一点：在使用“不求甚解”法的同时，我们还应该重视基础知识的掌握，认真学习并复习基础知识，不然，就会造成如他所说的“无源之水，无本之木”的情况。

除此之外，“不求甚解”法还要满足几个前提条件方才有效：

第一，做好预复习工作、认真听讲、记好笔记。因为这是学习和掌握知识的基本保证，离开这个基础，连能否学会知识都成了疑问，还谈什么解决学习过程中的疑问呢？

第二，要勤于思考，善于思考。勤于思考，才会有疑问的产生和解决，才会有知识的掌握和巩固。善于思考，要讲究思考的方法。我们学习的知识，是一个统一的体系，前后左右紧密联系，不但同一学科中的前后知识之间能互相启发，而且有时不同学科的知识也能互相启迪。我们在思考问题时，不能孤立地停留在某一知识点上，要扩展思维，联系更多的知识去帮助思索。

笔记要突出重点，不可过分详细

前面，我们已经分析过，对于学生来说，做笔记是必不可少的课堂学习活动，是记住知识的重要方法。然而，有些学生根本不做笔记。有些学生则是盲目地做笔记。如果我们翻看后者的笔记，则会发现，他们的笔记很详细。可能你会产生疑问，笔记难道不是越详细越好吗？当然不是！

最近，在班上，同学们一直在传看一名已经毕业的学长的笔记，在他毕业前，他的笔记就被低年级的同学预定了。这位学长是学校里的风靡人物，不仅学习成绩优异，还参加过各种智力大赛。

在一次学习心得交流会上，他说，可以借鉴别人的笔记，看看自己的知识体系有没有疏漏，但是直接复印或抄过来不好，印象不会深刻，自己整理的其实最有效。

一直以来，他都有预习的习惯，他总结经验说："预习的时候，笔记记录的主要是一些基础知识点；在课堂上，则比较注意之前没有注意到的，以及老师重点强调的。"他虽然在课后没有太多地去整理笔记，但是在大的考试前都会重新翻看一下。他说："保留并整理所有卷子，虽然没有再抄写，但也算一种补充。虽说不指望看到的题目有考到，但也算是一种提醒吧"。

他提醒学弟学妹们，做笔记一定要突出重点，不要过分详细，可以留出一定的空白位置，到后面可以补上被忽略的知识点。

的确，做笔记其实不可过分详细，而应该记下一些重点内容。那么，什么是重点内容呢？如何记笔记才能全面、高效呢？

1.记提纲

有的同学反映，在课堂上记数学笔记，常感到听了来不及记，记了来不及听。其实，没必要记下所有的东西，笔记应详略得当，提纲挈领。记

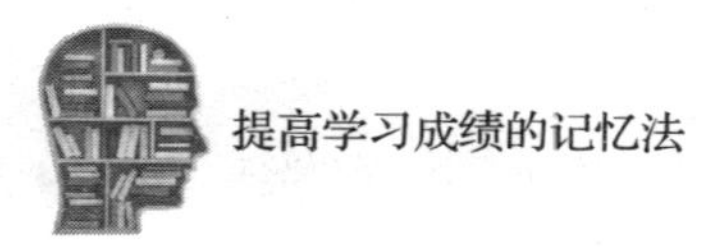

好提纲，这样，一部分内容学下来后，你会觉得脉络清楚，然后可根据提纲进行回忆，补充。有了恰当的提纲，我们在整理笔记时，就可以进行补充和完善，加深对相关内容的理解和把握。

2.记思路

记思路是切实有效的，解题时有了思路，就像航海时有了航标灯，自然就有了前进的方向和路线。记思路也要有针对性，如果对于一个困难题，听了或看了仍头绪不清，难以理解，比较茫然，这时，记思路就应该详细些，并记好结论，方便复习和思考。

3.记重点

要关注开头和结尾。在开头时就能明确提纲、把握重点，记录时就有的放矢。结尾虽话语不多，却是这节内容的提炼和复习巩固的提示。除了关注开头和结尾，还要高度关注老师反复强调的内容。重点内容在课堂必会得到反复的强调，有时老师会把重点内容框出、划出，或者用彩色笔写出以求引人注目。明确了重点，我们的记录就能详略得当，泾渭分明。在记录重点时，也要把握时机记下有关的经典范例和相关问题的巧思妙解。

4.记疑难

在教学过程中，老师经常会补充一个经典的例题或恰当的比喻来引入概念、突破难点、强化重点、说明方法或优化思维。有的会让我们恍然大悟，有的会让我们回味无穷。记下补充的内容，需要用的时候便可以信手拈来，使得我们在学习的过程中，发挥这些补充内容的功能，把知识理解深刻，把方法掌握牢固。

5.记感悟

学习可以分为三个层次：一是“懂”，就是听懂老师讲解的内容或看懂书上的有关内容，这是学习要达到的初级层次；其次是“会”，需自己动手、动脑进行模仿练习和实践；第三是“悟”，就是对所学知识悟出道理来，对所训练的方法悟出规律来，从本质上进行把握，这是学习的高层次，也是我们所追求的。

6.记总结

每节课下来，老师都会归纳或引导同学归纳所学知识的精髓。记录好总结的内容，使得所学的内容变得一目了然。如果自己能给出言简意赅的总结，说明这部分知识得到深刻理解，方法也掌握得游刃有余了。

都说“好记性不如烂笔头”，那些成绩好的学生的笔记，字迹清晰、条理分明、主次得当，这是每个同学可借鉴的。

找到你自己的记忆方法，别被老师牵着鼻子走

可能不少学生都有这样的疑问：如何记住知识呢？对此，想必大部人的回答是，听老师的话、按照老师的安排学习就错不了！的确，我们必须要承认，对于书本的知识和普遍性的学习和记忆经验，老师比我们了解得更深刻，但这样的学习和记忆方法只是针对大多数人的，而不是适用于全部学生的。为此，每个学生都应该根据自己的实际情况找对自己的记忆方法，而不必照搬老师传授的方法，更不能被老师牵着鼻子走。事实上，那些成绩优异、记忆力强的学生，都有一套自己的个性记忆法，我们来看看下面这位学生的心得：

一位市高考理科状元在谈到自己的记忆心得时说：“我不喜欢循规蹈矩，更喜欢自学。我不喜欢上课的时候将老师的话全部记下来，我只是记个大概，然后课后慢慢消化。高一进这所学校时，我才五百多名，要知道，我们高一所有班级的人数加在一起才一千多人。我意识到要想考入好大学，就必须抓紧了，所以，我关闭了微博，卸载了QQ和微信这些软件，

更也不打游戏了，我的目标只有一个，那就是上北京的××大学。令我激动的是，最后我做到了。

在这里，我还是要强调老师课堂内容的重要性。我在高二上学期的时候已经把高中三年的课程全都学完了。到了高三，我就不爱听课，爱自学。我向老师提出申请，自己去自习室学习。我知道自己哪部分内容需要加强，有针对性的自学，效率会更高。高三需要做大量习题，我想大家都深有体会，不过遇到那些我搞不懂的题，我只给自己10分钟时间纠结，如果10分钟还想不出来就直接跳过，过后再去请教老师，或者等思路清晰了再想。这样避免了在一个问题上的长时间纠结，同时也提高了记忆知识的效率。

不过，我还是要说，高三那一年真是压力很大，我每天都要学习到晚上12点。

从这位学生的阐述中，我们发现一点，真正要学好知识，就必须要有自己的方法，而不能一味地被老师牵着鼻子走。

实际上，除了这些高考状元们外，我们周围的很多学习成绩优异的同学也都会按照自己的方式来学习。当然，不被老师牵着鼻子走，并不意味着我们可以将老师的话置若罔闻，也就是说，对于老师的话，我们要有选择性地听，同时，我们也要按照自己的计划学习与记忆。我们再来听听下面这位学生的体会：

“刚上高三时，我觉得老师留的背诵任务是必须完成的，要不然拿什么出成绩？所以每天都被老师留的作业牵着鼻子，本来有一些自己的计划，却因为没时间而几乎没有落实，就这样过了些日子，我发现自己每天认真完成了背诵任务但并没有记住多少知识，成绩进步也没有别的同学大，甚至会有退步的现象。我问了问身边的同学，才明白原来到了高三，背诵已经不是必须的任务了，也没有什么针对性，在复习阶段，知识已经学得差不多了，需要的是有针对性的查漏补缺，要明白自己缺的是什么，于是，我改变了方法。

我学会了选择，这点很重要。我告诉自己，高三拼的是时间，要选择对自己有用的作业去完成，每写一样就要有收获，认真思考每一个知识点，不做重复的体力劳动。不过这个选择还挺艰难的，有时候选择不好就会本末倒置。比如，老师让我们每天背诵一篇古文，当时真的觉得这很没有用，因为背诵的未必会考到，所以我选择了做题而非背诵文言文，过了段时间，我发现语文模拟考成绩提高了不少。”

如果完全抛弃老师的带领而“另起小灶”的话，我们很可能会脱离正确的学习轨道。

可能有些学生会感到迷茫，我们该怎样界定自己的方法有效还是老师的计划在理？对此，你不妨在自己的学习效果中找答案，就像上面故事中的这位学生，在发现自己的方法有所欠缺后及时补救，这就是最行之有效的。

总之，你需要明白的是，学习是自己的事，记住的知识才是自己的知识。只要我们不断摸索，就能找到最佳的“路子”。

第6章

明确记忆在于复习，反复记忆让知识记得更牢固

古语说：“温故而知新，可以为师矣”，经常复习才能记住学过的知识，可见复习对学习的重要性。有升学压力的学生更应该认识到及时复习对于掌握知识的重要性，然而，到底什么样的方法才更有效呢？其实，因为个体存在差异，所以适合每个人的复习方法都不同，只有适合自己的方法才是有效的。当然，任何事物都是有规律可循的，多借鉴那些成绩优异者的复习经验，也能帮助我们更快找到适合自己的复习方法。

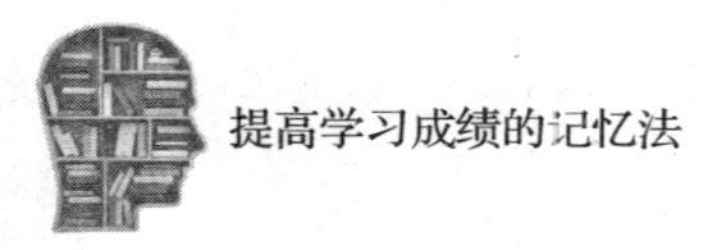

坚持复习，一日不落

提到复习，相信学生们都不陌生，因为这是老师经常强调的一个学习过程，复习在学习中起到了巩固、强化知识的作用，是将知识掌握的一个重要环节。学习中，学过的知识只有经常复习，才能牢记在心中。

有专家计算过：人的初次记忆，只能在脑海中停留1~2天，再次记忆，也只能停留15天左右，只有一遍又一遍地去看，去记，才能牢牢地把知识记在脑海中。也只有一遍又一遍地复习，才能在考试中取得好成绩。

现在要学习的学科庞杂，知识点多，要想做到一次全部记下来根本是不可能的，所以及时复习是非常必要的一环，除了跟随老师在课堂复习外，更多的是在课后根据自己掌握知识的情况及学习中出现的遗忘等现象，做好复习工作。复习不应是机械地重复，而是把它们的知识更加系统化、条理化，纳入到整个知识体系之中。

因此，每个学生，都要做到像吃饭穿衣一样坚持每日复习。对此，我们不妨先来看看下面这位中考状元是如何做到坚持复习的：

在采访时，这位状元说，她的父母都是初中老师。在知道自己的成绩时，自己和家人都很激动。她说，虽然得到好成绩是正常的，但没想到自己能成为理科状元。她告诉记者，自己能取得好成绩，也是因为自己在枯燥的复习中能够坚持下来，她觉得这种坚持很重要。

在这次采访中，她说想告诉学弟、学妹们，考前的复习一定要有计划。即使在复习中感到很枯燥，也一定要坚持下来。

的确，复习有时候是非常枯燥的，读、写、背、做题是复习的永恒的主题。没有坚强的意志，想学好是不可能的。唯有持之以恒，将自己的各

项计划按时完成，最终才能取得满意的效果。

“学而时习之，不亦乐乎！”上课结束后，我们都要及时复习以巩固知识，那么怎样进行系统的复习呢?

要有一定的计划，再把计划变成一种习惯。首先每天回家后，把当天学习到的知识，看一遍，记一遍，加深印象。然后过一段时间，再把以前学过的知识复习一下。等到期末考试前，再来一次系统全面的复习。这样“学而时习之”，成绩必然会有很大的提高。另外，我们还要从以下几个方面坚持每日复习：

1.词汇记忆要坚持到底

这点是针对英语复习的。对于有升学压力的你来讲，仅仅掌握考试说明中的大约3500个英语单词是不够的，考试中出现的单词往往是篇章结构的，单纯知道一个单词是什么意思是不足以让你取得好的考试成绩的，你还应掌握这些单词的类型、相关短语以及词组的用法。即使你即将参加中考或高考，你也应坚持每天背诵单词。

2.重视写的作用

古人有不动笔墨不读书的习惯，写可以加深记忆，充分调动大脑的各种感官，在做到心脑手统一的同时，也可以预防写错字。

3.听老师的话

这一点的口吻好像是在教小孩子，许多同学不以为然，老是有自己的一套，全然不顾老师的计划。其实，这种做法有时是舍本逐末，因为老师的经验比我们丰富得多，该学什么，该怎样学都是经过仔细琢磨的。

4.纠错不放松

现在的复习应是纠错和做题相结合，我们在做题时一定要选择考题进行练习。在复习时一定要反复揣摩考试中易错的题，你会发现，经常错的，考试中让你丢分的总是那几个问题，你可以将平时考试中经常出错的题目重点标注出来，每周反复看。比如有的学生词汇过关，但语法应用得不好，结果导致考试中经常丢分，那么这样的学生就应该把老师关于语法的讲义反复复习，弄清楚每项语法要如何应用。

相信掌握这些复习方法，对你是很有帮助的。总之，学习中，你必须要认识到每天坚持复习的重要性，你只有将坚持复习和良好的复习方法结合起来，才能真正在学习上有所收获。

阶段性复习是掌握和巩固知识的最佳方法

听课的重要性对于学生来说已经毋庸置疑，但事实上，只听好课是无法真正掌握知识的。因为在听完课后，大脑中的知识是即时性的，很快会被遗忘。可能你经常会有这样的感觉：在老师授课的过程中，你感觉自己已经掌握了这些知识，但在一段时间以后，你却已经把那些知识点忘得一干二净了。这是为什么呢？这是因为人的大脑都必须经过不断重复的过程，才能对某些事物形成真正的印象。

另外，在刚听完课后，我们头脑中的知识是零散的，没有逻辑性的，好像一个个掉落在地上的珍珠，我们必须通过“复习”这根线，把它们连成一串美丽的项链，才能牢牢记住它们，使它们成为自己的知识。

其实，学生们羡慕的那些成绩优异者，他们之所以能取得令人羡慕的成绩，是因为他们懂得复习的重要性，而复习包括阶段性复习，可以说，阶段性复习是掌握和巩固知识的最佳方法。

关于如何进行阶段性复习，教育专家为我们支了以下几招：

第一，明确复习目标。复习目标对复习课起着导向、激励、调节和评价的作用，确定复习目标。我们要依据三个方面：

1.依据教材

复习要从教材出发，按知识体系或按章节单元，抓住重点与难点，考虑复习目标，使我们能对知识有整体性的把握，从多层次、多角度认识重点与难点知识，以求考试时能顺利解题，紧扣住得分点。

2.依据考试大纲

复习要按考试大纲规定的范围、内容、题型、答题要求落实复习目标。特别是把握复习中的练习题的难度系数，难度大了会挫伤我们复习的积极性和自信心；难度小了又难以达到练习与自我考查的目的。

3.了解自身实际情况

所谓实际就是对自己的认知和能力要了解。以单元复习为例，你要清楚自己的薄弱环节所在，课堂上没有听清楚的，都要在复习时重点对待，只有这样，才能做到查漏补缺，巩固知识。

第二，优化复习方法。好的复习课就像一篇优美的散文，形散而神不散，使得我们在获取知识的同时也得到一种精神上的享受。要达到这样的效果，就必须优化复习方法。优化自己的复习方法，我们要把握几点：

1.以课本为依托

试题，具有新、全、活等特点，知识点多，覆盖面广，问题设计的角度新，题量大，对能力要求高，所以，我们复习时既要牢固掌握基础知识，又要会灵活运用基础知识去解决问题；既要全面掌握，又要突出重点。因此，我们要扎扎实实地抓好课本知识点，把课本与其他学习资料有机地结合起来，使之互为补充，相得益彰。

2.着眼课内学习

重视课下复习，并不代表我们可以不重视课堂学习，相反，我们最好上课前认真做好课前准备，在课堂上就把问题都解决掉，这样，在课下复习的时候，复习难度也会较小。

3.勤加练习、熟能生巧

复习的目的在于真正能运用知识，因此，在阶段性复习中，你最好做到多练，练的习题要“精”，练的方法要“活”，练的时间要“足”，训练应循序渐进，由浅入深，由简到繁。章节练习抓基础，单元练习抓重点，全面练习抓综合。多多练习，熟能生巧，这能使自己在考场上临阵不乱，沉着应战，减少甚至消除非智力因素造成的失分。

4.注重能力转化

知识和能力二者是密切相联的。知识的存在和增长，是能力产生和发展的必要条件。对某种能力的培养和考核，必须以相应的知识为载体。在接受老师传授的知识、技能的同时，也应把重点放在对自身能力的培养上。

总之，我们一定要重视阶段性复习，只有主动复习，自觉复习，才能真正做学习的主人。

根据自身情况，制订合理的复习计划

古人云：“凡事预则立，不预则废”，无论是工作还是学习，计划都十分重要，好的计划等于成功的一半，面临升学压力的学生更要注重学习计划的制订。相信大部分学生都希望自己拥有超强的记忆力，能将知识牢牢把握，因为只有这样，才能获得好的学习成绩。要想真正考出好成绩，我们就要重视复习计划。恰当的复习计划，有助于统筹兼顾地安排好各科的复习。目标明确的复习，会大大提高记忆和学习的效率。

一些学生认为：老师不是在课堂上为我们安排好了复习计划吗？只要跟着老师的步子走就没有问题，又何必再费劲呢？这种想法是不对的，因

为老师安排的复习计划是针对群体的，并不一定适合每个学生，所以，我们自身应该针对自己的情况，再制订一个适合自己的复习计划。这样两方面相互照应、配合，我们才会取得最佳的学习效果。

下面，我们来看看某位理科学霸为学弟学妹们提出的建议：

他说："我们可以制作一套表格，然后在实施效果栏填入A、B、C，比如，字母"A"可以代表"复习效果良好"，"B"就代表"复习效果一般"，而"C"就代表"没有达到预期的复习效果"，在后期的复习中，对标A的内容就不必花费更多的时间，对标B的内容就要在做题过程中多加注意，对于标C的内容考生必须重做复习计划。"

另外，他提醒学弟学妹们，在制订适合自身的复习计划时，要注意高考要求的考查程度，在各个复习阶段结束之后，有必要根据复习情况填写实施效果栏，并把在该部分复习时总结的易错题目类型填入相应表格中，以便冲刺复习时更有针对性。

而对没有复习到位的知识，一定要在补救措施栏填好再复习计划，并在备考提示的重要事项备忘栏中进行备注，方便检查落实情况，真正做到不留考点死角。

这名学生在制订复习计划时注意复习效果，并记录在案，这一点很值得大家学习。

那么，你可能会产生疑问，到底什么样的计划才是真正适合自己的呢？其实，只要你在制订计划时多注意以下几点即可：

1.弹性安排，注意时间分配

可能有一些学生会认为，升学考试是决定自己一生命运的关键，因此，在制订学习计划时一定要把时间安排得紧些，这样，才能让自己拼命学，实际上，这种复习计划是不合理的。

我们每个人的精力都是有限的。中学阶段我们虽该努力学习，但也不能超负荷运转。在制订计划时，一定为体育锻炼、看电视等运动、娱乐适当留出一些时间。一天的活动要富于变化，各有固定的时间和步骤，健康、有规律的生活，才是有效学习的基础。

另外，制订计划时，你还要考虑很多因素，比如现在的学习情况、家庭环境、体质、最佳用脑时间、各科的难度特点等。

2.个人计划应该与老师给出的计划相协调

个人计划不能与老师的计划相冲突，而应与其协调起来，作为其有益的补充，这样既抓住了复习的主体又照顾到了自己。

3.合理安排各科复习时间

根据自己对每门课的掌握情况，合理分配各科复习所需要的时间，给弱项多分配一些时间。另外，从制订计划开始到考前，对相应科目的复习遍数，以及每遍所采取的复习方式和所应达到的程度，最好都有明确的规定。

4.复习时间的安排要细化

以周为单位，除上课外，有多少时间可用于自己复习？把这些时间以1小时或1.5小时为单位划分成时间段，在不同的时间段，安排相应的复习内容。目标分配得越精细、越明确，越有利于提高复习的效果。

总之，你需要明白的是，制订复习计划不是我们的目的，只是对学习的一种打算，一种安排，是循序渐进地获取和记住知识的一种手段。因此，复习计划并不是越详尽、时间安排越紧，就越有助于我们提高学习成绩，只有合理的、适合我们自己的复习计划，才是最有效的。

考前复习要注意四大要点

对于所有面临升学压力的学生来说，考前复习是考前学习工作重要的一环，这是一个巩固知识的过程，且关系到是否能取得一个好成绩，于是，很多学生会发出这样的疑问：考前该如何复习呢？考前复习与平时复习又有什么不同呢？

对此，我们先来看看一位成绩优异的中学生的心得：

“中考前，我并没有再一遍遍去复习细小的知识点，而是对着笔记本回顾了一下教材的大纲，然后找到整个书本的脉络，另外，我还看了一些拓展题，毕竟中考与平时的考试不同，肯定有一些含新题材的题目。果不其然，就拿政治来说，最后三大题我都复习到了，所以成绩不错，因此我认为大考前的复习一定要与平时的复习区别开，要抓重点、重视思维培养。”

从这位中学生的学习心得中，我们大致能看出，考前复习一定要从大处着眼，要抓大放小。针对考前复习，教育专家给出以下四点建议：

1.调节情绪、坦然面对考试

考试前要保持坦然的心态，不要把考试当成人生的全部，更不应把考试成绩当成评定自我价值的标准。学会快乐学习，让自己有更多的愉快情绪体验。研究也发现，人感到快乐时，记忆和学习的效率最高。

努力复习功课，积极进取。主动配合老师完成教学计划，不要我行我素，与老师对立。要有一颗“平常心、平静心”来对待复习应考。做到了行动上的“不急”，心理才能“不躁”。情绪稳定了，学习效率才会高。同学之间不要斤斤计较，免得影响学习心境。

2012年某省文科状元谈到自己的学习心得时说：“心态决定成功”。高考前，学校举行了8次模拟考试，他的单次成绩多数都是排在第三位，就

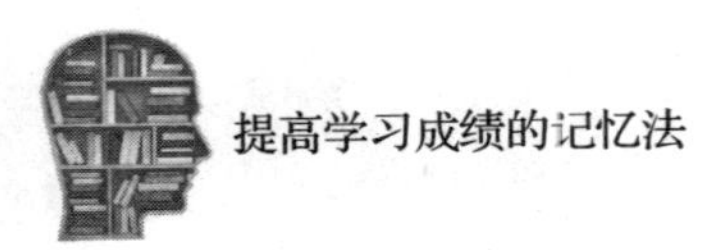

连8次成绩加起来，他仍是第三，只有最后一次模拟考试得的是年级第一名。帮助他赢得最终胜利的就是他平和的心态。

他建议大家，考试前不要想着要如何如何，应放松心情，尽力把自己的真实水平发挥出来就能胜利。

平和的心态无论对于中考还是高考的发挥都有非常重要的作用，我们一定要以一颗平常心对待考试。大部分学生现在的知识储备已经足够了，关键就是将知识和答题技巧合理地、全面地运用出来，既不要太紧张焦虑，也不要彻底放松，还是需要绷紧一根弦，千万不要乱了阵脚，要一如既往坚持到高考结束。侥幸心理也是不可取的，因此，我们要抱着“正常发挥就可以”的心态。

然而，在临考前的最后阶段，我们或多或少都会感到疲倦、浮躁、焦虑。如果出现这样的情况，那么，对知识的记忆和运用一定会受到影响，而对此，你不必压抑，可以做些自己喜欢的事让自己放松。看点课外书、散步、打球、听听舒缓的音乐等，都可以让自己减少紧张心情，调节好学习状态。

2.积极的自我暗示，消除紧张情绪

积极的自我暗示有鼓励作用，在复习时，你如果出现了紧张情绪，可以这样暗示自己：“我一定行，没有必要紧张。”如果失眠了，就告诉自己：“失眠是因为还没困，等困了就睡着了。”遇到不会的问题，告诉自己：“相信我一定能做出，如果我不会，别人也不会。”再如“我今天精神特别好，记忆效率一定高”“这几天胃口好，身体一定不会有问题。”通过暗示，减轻心理压力，消除紧张的情绪，达到鼓舞斗志的目的。

3.以培养思维为主

考前的复习，我们一定要注意的是，不能再机械地重复背诵知识。我们要明白的是，在平时的学习过程中，我们所积淀的知识已经足够我们应付考试了。另外，现在的升学考试的命题不是讲究知识覆盖面，试题的取材多是课本之外的现实问题，这就要求我们有一定的思维能力，能灵活地应对和解决这些问题。

4.不要过分看重考试结果

抓住考前的机会，尽自己的最大努力好好复习。在考试前不要谈论考试结果的问题，也不要给自己下达“硬性指标”。要根据自己的实际情况安排复习时间，不要打疲劳战术，充足的睡眠、健康的身体、清醒的头脑是高效率学习的保证。

随着考前复习进入最后攻坚阶段，在复习这一问题上，“彻底放松”和“争分夺秒”都是不可取的，我们要做到的是：相信自己，保持良好的心态，并在具体的复习过程中注意思维方法的培养。只有这样，我们才能在考前将知识熟练地掌握并运用，从而以最佳的状态迎接考试。

如何借助笔记轻松复习

我们都知道，笔记是学习过程中的一个总结，是学习的精华所在。在学习的过程中养成做笔记的好习惯不仅有助于我们巩固知识，同时也让我们在考前复习中多掌握一个重要资源。我们的书本厚重，且老师上课内容繁杂，而笔记就是书本和课堂知识的浓缩。我们认真做了笔记，再拿出来复习时，就会感觉那些知识很熟悉，自然能将知识点串联起来，对于一时不理解的内容，再回归教材仔细查找，这样，就不会遗漏知识点。

可见，做笔记的一个最大的好处就是帮助我们复习学习过的内容，进行知识的巩固和记忆，尤其是考试前，能给我们一个有效的指导。

复习一定要看着笔记进行，因为在笔记中记录下来的都是这段时间学习的重点，根据上面记录的重点有针对性地去复习，对自己掌握不牢固的地方进行重点突击，考个好成绩自然就不成问题。如果没有笔记的指导，我们很可能会在复习的时候抓不住重点，找不到自己的薄弱点，或是觉得哪都是自己的薄弱点，胡子眉毛一把抓，结果既浪费了时间和精力，又难以有好的考试成绩。

很多学习成绩优异的学生都会很重视做笔记，因为做笔记是将书本知识进行系统化整理的过程。笔记内容要少而精，且条理清晰，看后很容易记住，借助笔记复习比抱着厚厚的课本复习要轻松许多，不会造成大的心理压力。最后复习时，笔记就是自己建的一个知识体系，我们要把知识点串起来记就很容易了。

我们来看一个成绩优异的学生的自述：

“学习中，我们很多重点问题都记住了，可是往往是不深刻的，例如对于文科中的地理名称，历史人物等，在纸上自己手写一遍，能加深我们对这些知识的记忆，凡是经过手写过的知识点，从不会轻易被忘记。而且把知识点记在纸上，不仅便于我们将自己的难点、重点提取出来，还可以随时进行复习巩固。高考复习涉及的知识太多了，视觉性的记忆是短暂的，而且无法帮助我们理清楚知识之间的关联，但如果我们在纸面上自己把知识理一遍，心里就会有一个大致的框架，从而做到胸有成竹。毕竟好记性比不过烂笔头。

经过一番特殊的复习，我在考试过程中一点都不觉得困难，遇到不会的就标记上叉号，等全部完成了再返回细细琢磨。

我的复习过程确实特别，没有挑灯夜战，也没有题海战术，只是靠纯粹的理解和记忆就考出了如此好的成绩。也许这种方法也适合很多其他的考生们，因此特意将这种特殊的复习方法提供给大家，希望能够给广大考生带来一定的启示。”

从这名学生的心得分享中，我们能发现记笔记对复习知识的积极作用。利用笔记复习还可对知识点进行查漏补缺。复习时，对于有些知识点我们虽有印象，但当时可能没有具体记忆，根据笔记的脉络，在复习时，你可将一些知识点填充进去，不会出现记忆混淆的现象。如能充分利用笔记，我们完全可以做到抛开课本就能把所有的知识点想起来。

那么，我们到底该如何借助笔记复习呢？

一上完课就要开始复习。放学以后，就可以回忆课堂上老师所讲的要点。回想一下教室气氛和老师——甚至老师的姿势、强调语气和黑板上的注释。这会帮助你的大脑记住老师所讲授的要点和思想，并弄清自己感到模糊的论点。可以问问自己，老师讲的话是什么意思，他的主要论点是什么？

通过复习补充你对讲课内容整体概念的理解（当你将一堂课作为一个整体来看待时，会发现许多论点具有更重要的意义）；对于在课上产生的未有机会得到解答的疑问，你可以在此时再进行思考，在笔记中的空白处填上相应的内容回答，同时把在复习过程中出现的问题也写下来，在课前或到办公室去问老师，随后将答案写在笔记本里。

当这些笔记还“新鲜”时，这样复习你可能要花去十到十五分钟。但以后你再复习就不必花几个小时去弄懂它们。复习也能为下一堂课做好准备，因为下一堂课常常会从现在结束的地方开始。

在考前，你也可以将笔记的内容再复习一遍。你就是说，将笔记看作一本手抄的书，你可像用课本一样地用它。如笔记做得完善，那么所起的作用就大。因为老师要考你的是他们所讲授的课程内容，至于这些内容是课本上是否都出现了，他们是不会注意的。

众多成绩优异的学生的经验证明，记好笔记，并借助笔记复习，更容易记住知识，学习也变得轻松多了。

借助学习资料，高效复习

很多毕业班的老师都会建议我们，注重课本知识之余要购买补充资料做一些习题，这是因为课本上的内容大多数都是对知识的阐述，而知识应用的部分却不足，为此，要熟练地应用知识，我们就要通过补充资料来复习和练习。

目前，市面上，针对广大学生群体出版发行的学习资料有很多，让很多学生不知如何选择。面对众多资料，有些学生在难以抉择时，索性全部买走，但复习资料多了，不但造成了知识的交叉和重复，也给我们带来更多的功课负担。复习资料并非越多越好，选择有针对性的复习资料至关重要。

我们先来看看下面这位高三毕业班班主任张老师对于购买复习资料的建议：

一本好的复习参考书应该符合由名校名师亲自执笔的条件。要判断所购买的参考书的编者是否名校的名师倒是容易，那我们又怎样判断这本参考书是否由编者亲自执笔呢？

书上应该只有编者一个人的姓名，如果列出一大串人名，肯定是假的。一个好老师可能一辈子就写一两本书，但这一两本书能禁得起时间的考验。

到了高二、高三以后，很多学生开始大量做题，他们认为只有做题才能提高复习效果，但他们经常没有重点和头绪地做，在这一点上，不少老师也感到茫然，也只是一味地给学生增加做题的量，这样，学生感到很累，学习效果却提高不上去

另外，我建议大家先将近几年的试题看透了，考试时便会更有把握。出题人连续几年出题，思路不会有太大的变化。所以，模拟题方面的书一

般都会附加一两套高考真题，作为参照和对比。此外，模拟题一定要有重点地做，乱七八糟的一定不能看。因为有些题是东拼西凑的。现在习题很多，有些出题人会不负责任地随便抄袭。

从张老师的话中，我们发现，他在购买学习资料方面确实有自己的一套经验。的确，人们对各种升学考的重视程度的增加，催生了巨大的学生复习资料市场。

每年，总是有无数考生准备为自己挑选一些复习资料。面对市面上五花八门的复习资料，到底应该如何选择，这成了这些考生要面临的问题。

在选择复习资料时应该注意以下几点：

1.以教材为基础

要知道，升学考试并不是要将我们考倒，而是要考查我们对基本知识的把握和运用能力，因此，我们在选择复习资料的时候，不要挑那些难度太大、脱离教材的，而应该挑那些以教材为基础，并在基本知识上难度稍微拔高的。

2.必备资料：历年真题

历年真题是最权威的复习资料，因此，我们在选择资料时首先要购买的是答案及答题思路都十分详细的历年真题，把一套真题做熟了，胜过做多套模拟题。

3.模拟题不宜过多

教育专家认为，做模拟题无可厚非，但是不能完全依靠题海战术。很多学生买来大量模拟题，做过之后只是简单核对答案，并没有真正掌握解题的方法。因此，考生在选择模拟题时，最好选择与教材相配套的模拟题并进行深入研究，不应只为做题而做题，应该通过模拟题的练习，掌握解题方法和答题思路，这才是有效的做题。

4.针对自己的薄弱环节，选择重点复习资料

我们应该对自己的学习情况做总结，这时，就能够发现自己的薄弱环节，然后，根据薄弱环节选择有针对性的复习资料。比如，在经过模拟练习之后，你发现自己英语阅读比较薄弱，那么就可以选择一本专门针对阅读的资料进行相应的练习，抓住一本即可将这本资料仔细做完之后再选择另外一本。

另外，在选择复习资料时，我们还需要注意资料的印刷质量，决不能因为价格诱惑而选择那些印刷质量差的，因为印刷质量差的资料可能会把某个题目的标准答案错。

第7章

语文知识博大精深，点滴积累形成记忆

很多学生谈语文色变，因为“好多东西要背啊”。除了基础知识外，还有大量的古诗文及注释，还有那些作者及他们的作品，一大堆。那如何是好？死磕？不，记忆方法其实有很多，最笨的方法就是死记硬背，把自己累得半死还不算，还滋长厌学情绪。其实，背诵也要讲究方法，只有根据课文的不同，灵活运用多种方法，才能切实提高背诵效果，事半功倍。本章为语文中常见的需要记忆的字词、课文、古诗词、文言文等，给出具体的记忆方法，希望能对广大的学生朋友有所帮助。

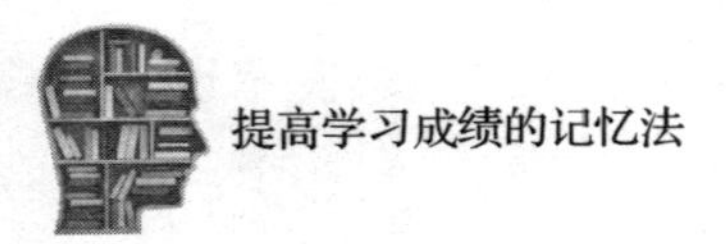

语文是一门不断积累的学科

在学习过程中，可能不少学生都有这样的苦恼：很多学科只要努力做题并背诵就可以获得好成绩了，但语文似乎很难。有生字词、课文，还有文言文等，那么，到底该怎样才能学好语文呢？首先，你要先了解到，语文是一门需要积累、厚积薄发的学科。不像数理化，在短时间就能够突飞猛进，要想语文成绩好，就要在平时的学习中逐步积累，每天多读一点，多记一点，记忆的重要性在语言的学习中可见一斑，我们来看看下面三位同学的心得：

“在语文学习中，首先，我们应注意积累。对于字形、字音、诗歌背诵等需要熟记的知识，我们只有反复地去看去记，在考试出现错误之后去整理错误及相关的知识点，以免下次考试的时候再犯同样的错误。只有这样才能保证面对这类试题时有较高的得分。其次，语文学习中还要注重理解。这要求同学们在上课的时候认真听老师讲解各个知识点或题目，只有对各个知识点有较为透彻的掌握，才能在多变的语文题目中找到答题所需的知识点。比如像改错、缩句、扩句、诗词鉴赏等。”

“很多同学认为语文课堂的教学内容与考试关系不大，其实不然，课文里的名句和典型事例都可以作为作文素材来积累；同时每篇课文都可以当成现代文（或科技文和文言文）阅读来做，这些都是高考内容啊！

我的语文成绩一直不太好，语文经常拖我的后腿。到了高三，在被逼之下开始狂攻语文。我发现只要前面的选择题错得少，分数就不会低。我每天做几套模拟题中的选择题部分，结果考试时最多也就错了一个选择题，分数也均在120分以上，甚至有一次考了130多分，那次的选择题一个没

错，要知道我高二下半学期前语文一直徘徊在110分左右啊。”

“我认为语文学习最重要的也是积累，但不同类型知识，应该运用不同的方法来学习，对于基础知识，如拼音和错别字，一定要用心，认真记忆。我曾经会在考前突击基础题，不过在经历了一段时间后发现题目中时不时就冒出来一两个新鲜词，这样突出自己反而很容易搞混。反思过后，我决定把对付基础题的工夫都放在平时积累上，每天熟悉熟悉，我建议同学们每天抽个一两分钟练几个小题目，把新的和错的题都整理到自己的小本子上，这样就能做到在考试时胸有成竹。”

从这三位同学为我们分享的学习心得中，我们发现一个共同点，那就是重视积累。不注重积累是学不好语文的。

那么，我们该从哪几个方面做好语文知识的积累呢？

1.早自习

一日之计在于晨，学校安排早自习和晨读，就是希望学生能利用这一记忆的黄金期学习。对于语文学习来说，我们可以在早上朗读背诵课本上的重要篇目，学有余力的同学可以充分利用好语文读本，既紧密结合课本，又可以拓展知识面。

我们也可以阅读文言文，这可以增强语感，提高理解能力，而且朗读美丽的文章，本身也是一种美的享受与熏陶。可以想象一下，我们在阳光灿烂的早上，拿着一本古诗集，看着窗外绿绿的树叶，或是云飘的天空，时而朗读，时而背诵，心情也会格外舒畅。因此，我们可以说，在早晨大声朗读语文知识，也是调整心情的一个好办法。

2.课堂上

课堂学习始终是任何一门学科的重中之重，课堂上的45分钟至关重要。老师的讲解会为我们节约不少自己摸索的时间，在语文课堂上，我们应该紧跟老师思路，掌握学习语文的各种技巧，加以练习，便可以在考试中运用自如。

3.课外

事实上，语文知识无处不在，生活中的各个领域都离不开它，在语文的学习中我们要强调大语文观，注重广泛摄取，形成一定的积累，然后试着灵活应用。大语文观要求我们平时学会注意周围，其实周围有很多我们书本上学不到的东西，而这些往往就在你不经意之间，比如校园内张贴的一些名人名言、电视或广告牌上的广告词等，这些我们都可以去留意并积累，以备用时之需。另外，你还应该有意识地多看书看报，拓宽眼界，增强理解能力，尤其要充分利用好双休日与长假的时间。为此，你可以准备一个摘抄本，把触动自己心灵的字句摘抄下来，时时朗诵记忆，这有助于提高自己的作文水平。

从以上三个方面做好语文知识的积累，相信你一定能有所收获!

语文文学常识如何快速记忆

作为学生，我们都知道，在任何一次升学考试中，语文占分的比重很大。语文是一门大科，而语文考试涉及的范围很广，其中就包括语文文学常识，而这些常识，需要我们去记。

在这里，教育专家为我们总结出了语文文学常识快速记忆法，希望对你有帮助：

1.举一反三记忆法

如由《战国策》的国别体联想到《史记》的纪传体和《资治通鉴》的编年体；记忆屈原的相关信息时，由屈原想到他的作品《离骚》；又因《离骚》是中国浪漫主义文学的源头，想到西方浪漫主义三大家——雪莱、雨果、拜伦。这样触一而发十，就能较系统地记住许多文学常识了。

2.分门别类记忆法

即在分类的基础上把某些有相同点的知识按一定顺序集中在一起强化记忆。可以以考点为分类标准，如：

（1）时代国别，可以借鉴古代史书体例中的编年体和国别体的方法，按不同时代和不同国家来记忆。

（2）风格流派，如“山水田园诗派”“边塞诗派”“婉约派”“豪放派”等。

（3）地位评价，如“四大名著”“世界三大短篇小说巨匠”等。

（4）文章体裁，如小说、诗歌、散文、戏剧等。

（5）题材人物，如《范进中举》《孔乙己》等都塑造了受封建科举制度迫害愚弄的旧知识分子形象。

（6）作家作品，如苏轼的诗、词及文等。

（7）字号称呼，如柳河东、杜拾遗、太史公等。

3.纵横结合记忆法

比如，古今中外的作家的生活时代不同、观念不同、语言习惯不同，这是纵的联系；同一时期不同作品又有各自的特点，这是横的联系。

这些纵横联系的知识点结合起来，就会在我们的头脑中形成一个纵横交错的知识网络，按照这些网络去记忆，能提升我们的记忆效率。

另外，如果能亲自动手制作几张图表，就更能加深印象了。比如，我国古代戏剧史有三个高峰，一是元杂剧四大家加上王实甫，二是汤显祖的“临川四梦”，三是清代的“南洪北孔”。这样纵横结合加以记忆，中国古代戏剧史知识，自然就能轻松掌握了。

4.点面结合记忆法

学习文学常识，要学会把握重点，全方位概括，对于某些文学常识，

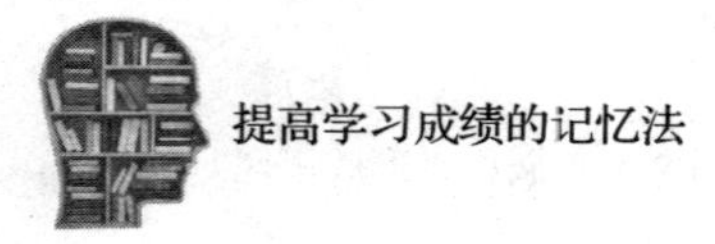

一旦抓住了某个要点，其他问题也就迎刃而解了。

如教材中鲁迅的若干篇小说，要记每篇出自何处，似乎很难，若从除《祝福》出自《彷徨》外，其余均出自《呐喊》的角度把握，便省时易记、事半功倍。

另外，学好语文，除了学好常识，我们还一定要多读，也就是反复读。据说，丰子恺先生遇到一篇好文章时，能把它读上22遍，这被称为“二十二遍读书法”，他还深有体会地说，把文章读熟后，就会渐渐地从唇间背诵出来，多读成诵，多读是记忆之本。

再者一定要强记，也就是对知识多多进行记忆。

有些课程基本概念不记不行，如语文中的音形义、外语中的单词等。理解了的要背诵，暂时不理解的也要加以记忆，并在使用中巩固记忆，因为这些内容有可能背诵了之后更易理解，如古诗文。

理解后又会记得更牢固。当然这需要毅力和恒心。久而久之，不但大脑信息存储得越多，而且我们会养成乐于记忆的好习惯。当然，强记和死记并非同一概念。

学好语文，还要勤写，不只是写作文，还包括写日记、做听课笔记、读书时作圈点评注、整理摘抄。

我们动笔写的过程，本身就是较高层次的记忆，我们有这样的体会：写作文，先打腹稿，再写成初稿，之后在作文本上下笔时，不看初稿也能写完。原因是，在作文本上下笔前的整理的过程充分调动了我们的各个器官来进行记忆，这就进入了记忆的高级阶段，这也就是前面说的“好记性不如烂笔头”的缘由。

如何快速记忆古诗词

对很多学生来说，在语文学习中，文章背诵绝对是一件痛苦的事，尤其是古诗词，每天早读都在朗读和背诵这些内容，结果一到考试的时候，就全部忘记了。对此，一些学生认为，这是自己记性差的原因，其实不然，只是他们没有找到记忆古诗词的方法。为此，教育专家为我们总结了以下方法：

1.理解记忆法

古人无论是写文章还是作诗词，都有一定的语言习惯，他们注重文字的推敲。在背诵文言文和诗词的时候，我们不要死记硬背，而要理解，了解文言文和诗词的思想。这些内容肯定都有一定的逻辑性，只要搞懂了文言文和诗词的意思，就能很容易记住了。

例如："眄睐以适意，引领遥相希"这两句诗，如果你不理解它的意思，是很难记住的。这句诗的意思是：在无可奈何的心情中，只有伸长着脖子远望寄意。如果弄清了这句诗的意思，就很容易记住它了。

2.情景想象法

所谓的情景想象法，就是开发我们的想象力，想象诗词中描绘的景象是怎样的，以帮助记忆。

例如："采菊东篱下，悠然见南山"，在学习这两句诗的时候，你可以想象一下，有一位衣着朴素且神情悠然自得的老人，站在一排竹篱笆前，悠闲地采摘着菊花，他的身后是轮廓非常清晰的山。在头脑中勾勒出这样的画面，那么，这首诗的意境你就掌握了。

3.韵脚记忆法

古诗讲究韵律，这是一种文学美，在记忆古诗词时，可以抓住这一点。

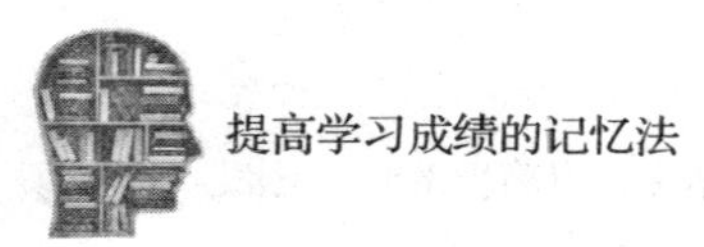

例如："花谢花飞花满天，红消香断有谁怜？"这句诗的韵脚是韵母"an"，因此在记忆的时候，可以记住韵脚的字，从这个字来扩散到这句诗，从而加深记忆。

4.诵读记忆

我们在古装剧中，经常看到里面的角色在读诗词时摇头晃脑，将音调拉得很长的样子，也许我们当中很多人还都忍俊不禁，但我们可能没想到的是，这种方法却能辅助记忆。因此大家在背记诗词的时候，可以适当放慢速度，速度放慢了，就可以尽情体会诗中的意向，从而加深记忆。

5.分析记忆法

我们对分析过的事物能建立比较立体和客观的印象，相反，平滑而独立的事物是很难在人的大脑里留下持久的印象的。在分析后能将当下的记忆内容和曾经记住的相关内容联系起来，对于记忆当下的内容是很有帮助的。

例如："人间四月芳菲尽，山寺桃花始盛开"。这是大诗人白居易《大林寺桃花》中的两句。看完这首诗，不妨分析一下：

为什么诗人说四月的时候山外的桃花都谢了，而山里的桃花才刚刚开始盛开呢？只要稍加分析就知道，因为山下和山上的气温不一样，所以桃花在山里山外开的时间也不同。如果稍用地理知识分析，还能知道，这是自然带分布中的垂直自然带。这样一来，对这句诗的记忆肯定深刻了。

6.对仗记忆法

很多古诗，尤其是律诗是非常讲究对仗的。对仗是这些诗歌的一种规律。从这一点出发，如果我们在记忆古诗词的过程中，将两句对比着记忆，就可以克服记忆单句时的困难。

例如："两个黄鹂鸣翠柳，一行白鹭上青天"，这两句诗对仗比较工整。"两个"对"一行"，"黄"对"白"，"青"对"翠"等，这样对比着记忆，就很容易同时将两个诗句一并记住。

以上就是记忆古诗的6种方法，大家可能对其中的一些已经有所了解，另外的几个没有试过，但总的来说，掌握这些记忆古诗词的记忆方法会对我们有用。

语文生字词快速记忆的方法

我们都知道，语文是语言和文学、文化的简称，而字词是语文的基础，能记住字词才能遣词造句，才能学好语文，因此，掌握语文生字词的记忆方法是学好语文的重中之重。为此，我们总结了以下生字词的记忆法。

一、生字记忆

1.理解记忆法

在语文的学习上，无论是学习字词和句子，还是背诵课文，都要建立在理解的基础上。我们要在抓住特征、理解本质的基础上进行记忆。

如："叮、吐、吵、呛、吃、吮、叫、呻、呼、哼"等都由口发出的，从"口"偏旁；"线"、"钱"、"浅"、"栈"，从"戋"偏旁；"蛄、虻、蚁、蚜、蝗、蝉、螂、蝶、蜂、蛾"等都是昆虫，从"虫"偏旁。从这一角度去理解，会很快记住一大批字。

2.形象记忆法

形象记忆法即通过具体形象来帮助记忆的方法

比如，学习"爱"字时，把它拆成"爫、冖、友"，然后配上儿歌"爪字头，秃宝盖，小朋友，真可爱"。

"弯"可记成"一点一横长，两竖在中央。一边一个点，弓字在下

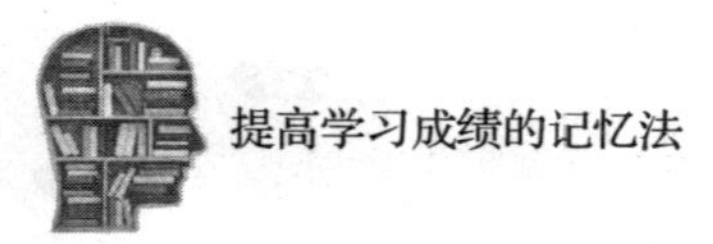

边”，学生一背歌诀，就能想起这个字。

亮：一点一横长，口字在中央，下面秃宝盖，几字最下方。

又如“瓜”也可用形象记忆：包围结构的两撇和一捺表示瓜藤和叶子，中间的部分表示藤上结的瓜。

这种方法，不仅能帮助我们记忆生字，还能开发我们的想象力，提升我们的学习兴趣。

3.比较记忆法

比较记忆法是一种把间架结构相近或读音相同、相近的字进行归类、对比而记忆的方法。

例如“跑”“抱”“袍”“炮”这四个字，字形、字音相近，容易混淆，若归类、比较后，可编成顺口溜加以区分。如“有足就是跑，有手就是抱，有衣就是袍，有火就是炮”。

许、杵、忤、仵：言午许（xǔ），木午杵（chǔ），有心（忤），人（仵）读作wǔ。己、已、巳：关门巳（sì），开门己（jǐ），半关半开就是已（yǐ）。

再比如"戌、戍、戊、戎"这四个字，字音虽然各异，但是字形实在很难分得清就要加入区分的方法。

4.图解记忆法

图解记忆法是根据字义或形象，用图解来帮助记忆的方法。

如“聪”字，怎样才算“聪”？耳朵（耳）要听，眼睛（丷）要看，嘴巴（口）要念，心里（心）要想，这样才算是“聪”。

5.故事记忆法

对于某些字，可以根据其特殊形义编一个小故事来记忆。

鸨：十字架上插匕首，保你大鸟飞不走。

如“裹”字，可编故事为：有个小孩，摘了不少野果子，回家时不好拿。他灵机一动，脱下身上的衣服，把野果子包起来，高高兴兴地提着回家了，这就是“果”之所以在“衣”中的缘故。

6.部件记忆法

可以把一个较复杂的字拆散为几个单独的字来记忆。

例如：鲜（鱼羊）章（立早）

如“赢”字可拆为“亡”“口”“月”“贝”“凡”；

“腐”字可拆为“广”“付”“肉”。

这类字有：蹲、膊、冀……

形声字一般由几个部件组成，可以分析其字形，把它拆成几部分来组合记忆。

如“爸”由“父”字头和“巴”组成；“妈”由“女”字旁和“马”字组成。

二、生词记忆

语词是说话、写文章的基础，要提高语文水平，就必须掌握大量语词。

记语词除了弄清词义、造句外，还可采取比较、改错、联想等方法。

1.比较记忆

为了准确地掌握词义，我们可以找出一个词的同义词或反义词。

（1）找同义词：即找出与要记语词意义相同或相近的词。

例如“天国”一词的同义词就有“天堂、上界、上天、上清、净土、西天、西方、西方净土、极乐世界”等。

还可采用这种方法记成语。例如：按图索骥——顺藤摸瓜；才高八斗——学富五车；肝胆相照——志同道合；烟消云散——土崩瓦解；得心应手——驾轻就熟。

（2）找反义词：即找出与要记的语词意义相对或相反的词。

例如：大方——腼腆；诞生——逝世；俯视——仰望；丰富——贫乏；拂晓——黄昏

记成语也可用这种方法，例如：单枪匹马——群策群力；屈指可数——不胜枚举；阳奉阴违——表里如一；落井下石——雪中送炭；悬崖勒马——执迷不悟。

2.奇特联想

记成语可以用这种方法，例如要记如下生僻成语：

孔武有力　名缰利锁　被发文身　前倨后恭

巧舌如簧　穷源竟委　秋荼密网　囚首垢面

人亡政息　傥来之物　唐突西施　天上石麟

铁网珊瑚　头童齿豁　兔起凫举　推燥居湿

记此类生僻成语必须先弄清词义，这样既便于记忆，又利于以后运用。

这些成语可联想为：孔武有力的斗牛士，戴上了名缰利锁，他的形象是被发文身，他的姿态是前倨后恭，他嘴里巧舌如簧，宣称能穷源竟委，他叙述了斗牛场上的秋荼密网，弄得囚首垢面。但是，随着人亡政息，自由成了傥来之物，尽管有人说他唐突西施，但他不愧是天上石麟。即使搬来铁网珊瑚，搞得他头童齿豁，他也能如兔起凫举，却甘愿推燥居湿。

总的来说，记忆生字词，我们每个人都可以根据自己的情况，找到适合自己的记忆方式，记住字词，是学好语文的重要前提。

学好文言文，要下一番苦功夫

对于很多学生来说，在语文学习中，最令他们头疼的大概就是文言文的部分了，一打开语文书，看到古人的“之乎者也”，就心生畏惧，毕竟古人的语言习惯与现代汉语不同，且遣词造句更为考究，要理解文章大意就更是难上加难。文言文的学习，是要下一番功夫的，如果我们能遵循规律，找到巧妙地记忆的技巧，是能对文言文驾轻就熟且能在考试中应付自如的，我们不妨先来看看下面这位语文学霸是怎么学习文言文的：

王元在这一次的月考中，语文成绩又拿了全年级第一，有同学前来向他讨教学习文言文的经验，他说：“文言文这块硬骨头要天天啃。”而王元对付文言文也有自己的方式。他讲究的也是积累，按他的话说就是平时要多翻翻文言文字典。他认为，很多学生觉得文言文难，就是难在一些实词和虚词上。其实，对于文言实词和虚词的用法，没必要求全，只要能掌握考试大纲规定的文言实词和虚词的用法以及一些特殊的例句即可。

王元说，其实考试大纲中要求掌握的文言实词和虚词也不多，实词有100个左右，而文言虚词只有18个，如果再把这些分摊到每天去学习的话，量就很小了。王元就是这样做的。

这样的坚持让王元在平时考试中的出错率大大降低，在进入第三轮复习之后，文言文选择题部分他每次保持全对，在本次的月考中，他在文言文阅读的选择题部分也是一道题都没错。

这里，王元为我们分享的文言文的经验值得我们借鉴，啃文言文这块硬骨头还是要重视积累，还是要下苦功夫，而最应该下功夫的是文言字、词、句式等方面的知识，只有积累了一定的文言知识，才可能顺利地阅读文言文。具体来说，我们要做到：

1.课前预习，自己翻译

课前一定要借助注释自己逐字逐句去翻译，不要坐等老师来讲解。预习时注意找出疑难字句并在课堂上讨论或课下向老师、同学请教。对重点字词要进行归类认识，掌握重点，突破难点。有相当多的文言实词是一词多义、一词多用的，我们要善于记忆、比较、归纳、整理，把“字词”学“活”。可以自己制作一个“常用文言词简表”，列出“词、词类、意义、例句”几个栏目，使知识系统化，提高学习效率。

2.结合语境理解虚实词

不管是实词还是虚词，其意义、用法总是在具体的语言环境中显现出来的，积累文言字词不要死记硬背，而应结合“语境”去揣摩。但是只把串讲当成解释字义的根据是不可取的，是本末倒置的。

例如“至于劝善规过足矣”一句，课文下面注解为“能够做到规劝行好事，不行坏事就不坏了”。这仅是串大意，但学生常据此对号入座地去释义，误以为“至于＝能够做到”，“足＝不坏”，这就脱离了字词的既定意义，造成错误概念。其实“至于”和“足”不解释也行。而若认为“劝＝规劝”，就又脱离了具体语境，因为“规劝”与行善搭配不起来。这个“劝”就是“劝勉”的意思，与“劝学”的“劝”同义。若对翻译和字义的准确解释不加区分，就很容易会违背理解字义词义的基本原则。

3.掌握一些基础文言文句式

主要文言句式有五种：判断句、疑问句、被动句、省略句和倒装句，每种句式又有几种不同形式，记住形式，便于识记和理解。例如，文言文判断句最显著的特点就是基本上不用判断词“是”来表示，而往往让名词或名词性短语直接充当谓语，对主语进行判断，其句式有如下几种表示法：

（1）“……者，……也。”这是文言判断句最常见的形式。

（2）“……，……也。”判断句中，有时“者”和“也”不一定同时出现，一般省略“者”，只用“也”表判断。

（3）“……者，……。”有的判断句，只在主语后用“者”表示提顿，这种情况不常见。

（4）“……者也。”在句末连用语气词“者也”，表示加强肯定语气，这时的“者”不表示提顿，只起称代作用。这种判断句，在文言文中也比较常见。

（5）无标志判断句。文言文中的判断句有的没有任何标志，直接由名词对名词作出判断。

4.诵读

语文教材强调文言文的朗读、背诵，通过多读多背来掌握文言知识，理解文意，可培养语言感悟能力。只有多诵读，才能了解现代汉语和古代汉语的一脉相承的“血缘”关系，才能领悟文言文的至善至美。中国是一个历史悠久的文明古国，更是一个“泱泱文章大国”，文言文中有许多为政、为人、为学的好文章、好观点，还有大量的有生命力的词语和句子，至今仍在沿用。只有通过读，尤其是诵读，才能体会其特有的品味和意蕴。当然，在诵读时要把眼、口、耳、脑都动员起来。

总之，掌握以上几点学习文言文的方法，相信你一定能不断积累文言文知识，并在考试中较好地发挥。

怎样背诵语文课文更有效

作为学生，我们在学习语文时，可能最不愿意做的事就是背诵课文了，但这又是老师经常布置给我们的课后功课，我们死记硬背或者摇头晃脑地朗诵，但一到老师抽查的时候却忘记了，其实，这并不是因为我们记忆能力欠佳，而是我们没有掌握背诵课文的方法。

那么，具体来说，我们该如何背诵呢？对此，我们先来看看下面两位学生的心得：

学用一下老师的话，叫作理解去背诵，就是背诵的时候要了解要背诵的内容，究竟是在说什么，例如是写人的，那是从哪里写起：是相貌还是经历。如果是游记，那可以从游览的地名或者遇到的事情来理解背诵。如果是写事情的，可以从6大要素去记。

背诵古文比背诵现代文难一点，因为毕竟古文不是我们从小的语文习惯。不过我们也可以以理解现代文的方法去理解古文的主要内容，在理解背诵的过程中顺便比较古文和现代文的一些区别，这样学习效果会不错。

不过我一向的习惯是，努力背诵。就是当要背诵一篇文章时，我会把这文章分为很多部分，或者以段落分，或者以节奏分。然后一部分一部分地背诵，第一部分记住后背第二部分，在第二部分记住后再把第一和第二部分合在一起背诵一次，再背诵第三部分。

这种方法缺点是比较浪费时间，优点是能把文章记得很牢固，不会产生那种很容易就忘记的情况。

背长篇课文一定要多读，时间充足的话1天可能就可以把它背下来，每天早上、中午饭前饭后、下午、晚上饭前饭后都读3遍以上，或者更多，效果超好的说，我长篇课文都是这样背来的，一定读出声来，默读是没有用的。我们老师就是这样，让我们背诗的时候，男女竞赛、分组读、齐读、个人读，读了过十遍就让我们背，没想到说完一句就能脱口说出了下一句，很神奇的。

背短篇课文可以分句背，我背文言文都是用铅笔划分为3~5句一段，遇到逗号就算一句，这样背我要背两天，老师给我们4天时间，我前面两天也是用多读的办法，可是发现效果不怎么好，然后我就分段，因为在前两天读过多遍了，所以背起来就很流利，半个钟就背下来了。

我背的是《童趣》，200多字，你可以当做练习题，试试背200字要多久，选用最适合自己快速记忆的方法。

的确，每个记忆力好的学生都有自己背诵课文的方法，我们对这些方法进行总结后，可以归纳为以下几点：

1.理解记忆法

要在初步理解的基础上背诵。理解得越深，越容易记忆。背诵课文要尽量运用意义记忆，抛却不求甚解的死读书的学习方法。背诵一篇或一段文章时，首先要通读全文，弄清文章的主旨，然后了解文章的层次、来龙去脉，掌握文章的语言特点，抓住一些起关联作用的词语和句子，先分析、后综合，这样背诵起来就快得多了。背诵也要因文而法，如背诵议论文，可以从分析论点、论据、论证入手；背诵记叙文，可以从了解和掌握有关事实、记叙顺序入手。

2.快速诵读法

背诵是在朗读和默读的基础上熟悉书面材料的结果。在初步理解文章后，要始而反复朗读，继而反复默读。只有熟读，才能加深理解，才能成诵。实践证明，持续性的缓慢阅读，不但费时费力，而且会使记忆信号中断；反之，读熟课文之后，逐步加快阅读速度，则可在大脑皮层形成连贯的信号刺激，从而强化记忆效果，提高背诵速度。

3.提纲挈领法

古人云："举一纲而万目张。"文章的"纲"便是文章的脉络，而文章的脉络又体现作者的写作思路。背诵课文时，一定要根据作者的写作思路和行文顺序顺藤摸瓜，由句到段，由段到篇，前勾后连，上递下接，环环紧扣。这样，不但背得快，而且记得牢。只要我们按照作者的写作思路和行文顺序边读边想，边想边背，背诵也就不太困难了。

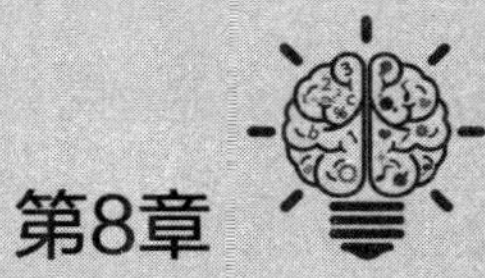

第8章

恼人的英语单词，到底如何才能记得住

任何一名将要升学的学生都知道，无论是中考或者高考，英语在考试中都占据着很大的分数比重，因此，每个学生都力求学好英语。不过，一些人在学习英语时会把重心放在语法的学习上，往往忽视了词汇的积累，而实际上，词汇是掌握英语知识和使用英语与他人交流的基础，掌握词汇量的多少已经成为衡量一个人外语水平的重要标志，接下来我们就来看看如何才能积累英语单词。

记住英语单词真的很难吗

我们都知道，在学习英语的过程中，最基础的就是背单词，记不住单词，就不可能学得好语法、句子乃至文章等。英语毕竟是一门外语，背单词对于很多学生来说似乎太难了，每节课都要记好几个单词或用语，当天记住了，可是过了几天又忘了，而且有些单词或用语很难记，甚至有些单词的构成、读音等十分相似，很容易混淆，确实不容易记。

那么，该如何记英语单词呢？记英语单词有什么诀窍吗？记英语单词不能死记硬背，要讲究方法。

古人云："知己知彼，百战不殆。"打倒敌人的不变法宝是了解敌人并找到敌人的长处和弱点，但是，如果我们连敌人在哪都不知道，又何谈战胜敌人呢？

我们记忆单词何尝不是同样的道理呢？

我们要战胜单词，最重要的就是要找出我们记不住单词的原因。就像一辆车坏了，你得先找出它坏在哪里才有可能把它修好。

如果你能够用一天的时间记忆800个以上陌生的英语单词，并且第二天没忘记，甚至过了更长的时间还能记住，那么后面的内容你基本上可以不用看了（当然这不是大多数人能做到的）。如果你连一天记忆300个单词都没有完全的把握，那么接下来的内容对你将非常重要！

1.不懂得英语单词的构造原理

一个单词为什么是这个意思而不是那个意思，为什么这一单词是由这些字母组成的，在造单词的时候，是出于什么样的考虑呢？

这些"造词机理"，并没有专业的书讲清楚过，因此，我们中国人在学习英语时，就只能靠背单词来记忆了，但死记硬背即使记住了，不能理解，也容易遗忘。

2.汉语是表意系统，英语是表音系统

为什么英国人可以轻松学会英语、记住单词，中国人也能轻松记住汉字、会说汉语？这是母语的优势。

每一个人都有学会任何国家语言的能力，甚至是动物的语言，狼孩就是很好的例子。但这种能力是有时限性的，年龄越小越容易习得。婴儿出生后的0~6个月是学习语言的关键期，虽然他还不会说话，但已经开始大量接收信息。所以简单来说，人类有先天学会语言的能力，并且在学习语言的过程中，大脑的思维能力同步发展，就好比给大脑安装语言软件，只不过学汉语安装的是表意系统的软件，学英语安装的是表音系统的软件。因为两种语言有很大的差异，所以我们先学习汉语，几年后再开始学习英语，就会出现不兼容的情况。

3.先学汉语拼音，后学英语，难免混淆视听

事实上，大部分学生的学习经历是，小学一年级就开始学拼音，并且一学就是好几年，而从初中才开始专业系统地进行英语学习，甚至此时才开始接触英语字母，这种语言学习的顺序，直接影响了我们对英文单词和英语学习的认识，甚至会导致混淆。

实际上，背单词并不该有口无心地死记硬背。单词本身的构造也存在一定的逻辑，单词和单词之间是血脉相连的。找到中间的关系，对单词进行组合记忆，利用其中一个相对熟悉的词去捆绑记忆另一个陌生单词，这样记忆效率明显会提高！

然而，不少人在学英语时会不自觉地将英文单词与汉语拼音联想到一起，而没有看到英语单词内部的逻辑，剩下的自然就只有空洞的读音了，于是只能无奈地选择死记硬背，这是记不住英语单词的重要原因。对于每

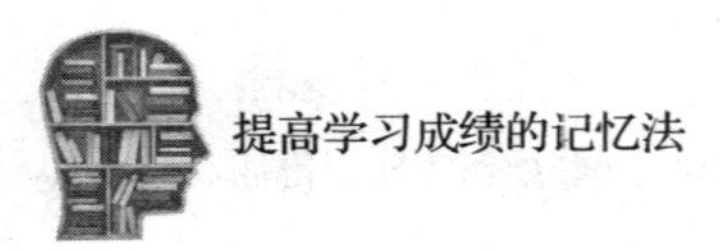

个学生来说，要想学好英语，首先就要学会找到英语单词内部的逻辑结构，然后便可举一反三分析和记忆单词。相信能做到这样，你的单词记忆效果定会有所提高。

洞悉英语单词背后隐藏的秘密

任何一个英语学习者都知道记忆单词的重要性。而要记住单词，需要我们先掌握英语单词的基本规律，如词源规律、英语的偏旁部首（词根、前后缀）、音变规律、乾坤大挪移等。如果掌握了这些规律，就能事半功倍。在学习英语之前，你还要问自己几个问题："单词"和"汉字"分别是怎么回事，可以用同样的方法理解吗？英语单词有什么样的特征？如果我们还没有认真思考过上述问题，就直接开始记忆单词，就会成了无头的苍蝇，不知道如何记忆单词，更别说能有多高的效率了。

那么，英语单词里的秘密是什么呢？

1.隐藏在词源里的秘密

要想学好一门语言，首先就要了解这门语言背后所承载的文化，因为词汇和文化的关系十分密切，一个词汇想要表达的含义，总是有一定的道理的，一个词汇的起源甚至能追溯至一段文化的变迁。

了解词汇的发源以及词汇的构成发展，能帮助我们充分理解词汇，在此基础上的记忆往往很有效。很多单词的背后都有一个与词义演变有关的鲜活故事，了解这些故事，不仅可以对学习这门语言和了解相关文化起到重要作用，还可以通过分析造词的过程，人们对历史传统、人文习惯、社会风俗和审美习惯等文化因素有一个全面的了解和认识，由此，更能激发出我们学习语言的兴趣。

例如：

（1）袋鼠是澳大利亚特有的动物，英文名称kangaroo，这个单词是从一个误解产生的。

有这样一个传说，1770年，英国航海家詹姆斯·库克船长和他的船队停靠在澳大利亚的东海岸，发现当地有很多这样的动物，便问当地人这种动物叫什么名字，不过当地人并不懂英语，当船员们听到当地人说类似kangaroo的一串音节时，便误以为那就是这种动物的名字。此后，英语中一直把袋鼠叫作kangaroo。

（2）sandwich（vt.夹入；挤进；把……做成三明治。n.三明治；夹心面包）源自Sandwich伯爵。据说，此人原来极其好赌，被大家称为“赌棍”，据说为了能在赌博时节约时间，他叫佣人替他切片面包夹块肉充饥，sandwich由此而得名。

了解这些词源故事才能知道单词真正的核心含义。

（3）语言来源于生活，从生活中汲取养分。一些英语同样有本民族生活习俗的烙印。美国人爱好棒球运动，Rain check就出自露天举行的棒球比赛，如果球赛时突然下起了倾盆大雨，比赛不得不取消，观众就可以领取到雨票，球赛改天进行时可凭此票入场。

2.隐藏在单词“偏旁部首”里的秘密

我们在小时候学习汉字时，就知道要先从偏旁部首开始学起，看到一个字的偏旁部首就大概猜到了它的读音和意思。其实，我们学习英语单词时也可以用类似的方法，通过分析词根、词缀（前缀、后缀）大致地猜出单词的意思。

大学英语等级考试中的很多词汇也可以被分解为“词根+词缀”。所以，对于英语学习建立“偏旁部首”的意识非常重要。有了这种意识，就会越到后面记忆越高效、轻松。

（1）400多个词根、词缀的排列组合构成了约80%的单词

词根：词根不仅是一个单词的核心，同时也是一组单词的共同核心，它包含着这组单词共同的基本意义。所以词根最大的特点就是衍生能力很强，能够以一当十，甚至更多。

分析词根、前缀、后缀能帮助我们高效地记单词。例如："prologue"（前言）、"monolog"（独白）、"epilog"（结语）、"travelog"（旅行纪录片）、"dialog"（对话）、"apology"（道歉）等单词中，有一个共同的核心"log"（语言），这是这组单词的词根，因此这组词的意义都与"语言"有关。由此可见，掌握适量的词根对于快速扩充词汇量起着至关重要的作用。

词根的意义不容忽视。随着英语学习难度的增加，词根在记忆英语单词乃至整个英语学习过程中的作用越来越大。在20000个英语单词里，常见词根（含有规律的音变）只有400多个，几乎囊括了80%的单词。我们建议在初始的阶段，可以通过简单词先了解英语单词的词根、词缀，逐步了解英语单词构词的方法，建立依据词根、词缀拆分单词的意识；随后，可以使用已知的词根，练习记忆单词；熟练这种单词记忆方法后，可以有计划地记忆常见的400个词根。当你发现记忆英语单词原来如"词"简单时，就可以坚"词"到底，最后练成"词词不忘"的"盖词神功"。

（2）词根与词缀如何构词

一个词根构成的单词：fact（做）→fact（事实）。

词根+词根构成的单词：manu（手）+script（稿）→manuscript（手稿）。

词根+词缀构成的单词：govern（管理）+ment（后缀）→government（政府，内阁）。

加前缀：im（入）+port（运）→import（输入，进口）。

加后缀：equ（相等）+ate（使）→equate（使相等）。

同时加前、后缀：pro（向前）+gress（步）+ive（……的）→progressive（进步的）。

多重词根、词缀：in（不）+co（合）+her（黏）+ent（……的）→incoherent（无黏合力的，分散的）。

3.隐藏在语音里的秘密

英语属于印欧语系，印欧群族本使用同一语言，后来由于群族迁移到不同的地方，才使得语言发生了变化。这种变化类似于汉语方言的变化，有很强的规律性。英语中大量的同源词就是通过音变派生出来的。

英语单词由若干字母组成，字母有规律变换后，写法不同，但基本的意思不变。

（1）b–p–f–v–w音

中文的“泊”有两种发音：“漂泊（bó）”和“湖泊（pō）”；“番”也有两种发音：“番（fān）茄”和“番（pān）禺”。英语中burse与purse都指“钱包”，词根scribe与script相对应；live（生活）与life（生命），give（给）与gift（礼物），save（救）与safe（安全），都体现了f与v的对应转换；wine（葡萄酒）与vine（葡萄树），体现了w与v的对应。

（2）g–c–k–h音

中文中，“咖”有两种发音：“咖（gā）喱”和“咖（kā）啡”；“会”有两种发音：“会（huì）议”和“会（kuài）计”。英语中，angle（角度）与ankle（踝），guest（客人）与host（主人）相对应；英语中c与k的音相同，语义上也相关，如cat（猫）与kitty（小猫）；c与h经常对应，color与hole的col和hol表示“遮盖，隐藏”，color指一种色可以遮盖另一种色，hole是可以“隐藏”的地方。

（3）d–t–th–s音

中文中，“弹”有两种发音：“子弹（dàn）”与“弹（tán）钢琴”。英语中，词根里的d与t也会出现对应或替换的现象。

（4）a–o–e–i–u音

在英语中，不仅仅是辅音字母有转换的情况，元音字母也存在这样互转的情况，替换后词根的基本意思并没有大的改变。

如：gold（黄金）与gild（镀金），就是典型的o–i互换；cap，cip，cup，capt，cept都有“抓”的意思；同源异形根band，bend，bind，bond，bund都有“绑”的意思。

如何运用形象法记单词

词汇学习是一个循序渐进的过程，可以分为三个阶段：新词接触——单词记忆——巩固使用。不同人的思维模式不一样，对于具体事物的感知程度也不一样，针对这种情况，我们可以采用形象法来记忆单词。

形象记忆法中形象化后的表示称为形象代码，常用的形象代码组成一个形象代码表。大多数的英语单词都可以用形象代码表中的代码组合表达出来。这样的形象代码组合往往是荒诞的，滑稽的，但特别易于记忆。

形象记忆法适用于有一些基础的英语学习者，大致包括以下几种。

1.拆分记忆法

拆分法可分四步：形象思维发现单词构成规律——根据规律拆分单词——赋予各个部分特定的意义——掌握单词。

（1）派生词的拆分法。共有三种：加前缀法、加后缀法、加前后缀法。

例1，加前缀法：view，preview，review

例2，加后缀法：use，useless，useful

例3，加前后缀法：struct，construction；faith，unfaithful

（2）合成词的拆分法。合成词是指由两个或两个以上词干或独立词组合起来的单词。合成词拆分法是揭示合成词组成顺序的方法。

basketball（篮球）basket（篮子）+ball（球）

blackboard（黑板）black（黑色的）+board（木板）

headache（头疼）head（头）+ache（疼痛）

（3）复合词的拆分法。复合词，也叫混成词，是由不同单词的某部分组成或一个单词加上其他单词的某部分所组成的单词。采取拆分法，我们可以对这些单词产生更深刻的记忆。

autocide=automobile+suicide；

motel=motor+hotel；

workfare=work+welfare.

（4）简单词的拆分法。简单词是指那些不能再被拆分成更小表示完整意思的单词。拆分法记忆简单词是通过给单词的每个部分附加特定的意思来尝试记忆的。

family=fatherandmother，Iloveyou.

chew=cow，horse eat weed.

news=north，east，west，south.

2.联想记忆法

联想记忆法是指依据单词的发音和构成通过联想把简单的单词变成有意义的句子或更多的句子的记忆方法。

（1）回文法。在英语中顺读和倒读都一样的单词、短语或句子等叫回文。有一些单词从前往后与从后往前的拼法完全一样。如pop（砰的一声），dad（爹），deed（行为），did（做）。也有些单词从前往后和从后

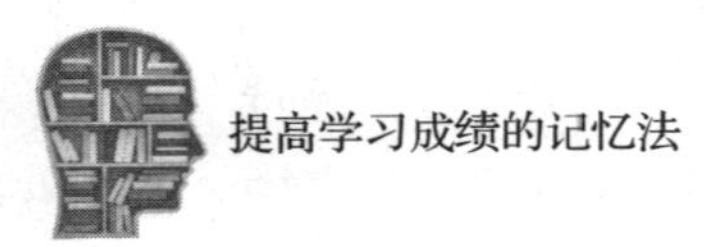

往前读的意思完全不同。如：are（是）—era（时代），deer（鹿）—reed（芦苇），door（门）—rood（十字架）等。

（1）谜语法。谜语大多利用单词的拼写，表面“荒诞”，谜底揭开就变得合理。这类智力游戏会激发我们学习英语的热情并可以提高听力与理解力。例如：“What word，if we change the position of one of its letters，becomes its opposite?——United or untied.（联合的——松散的）”“Which letter is the most useful to a deaf girl?”——letter“a”只有“a”可以使“her”成为“hear”。

“Which is one of the longest words in the English language?——smiles因为第一个“s”和第二个“s”之间有——“mile”。

（3）绕口令法。绕口令是指把发音相同、相近的词语和容易混淆的字有意集中在一起，组合成的简单、有趣的韵语，是一种读起来很绕口，但又妙趣横生的语言艺术。绕口令可以在发音练习中使用，轻松的氛围能帮助我们克服压抑的心情，同时学习词汇。

例如“Good，better，best，never let it rest；Till good is better，and better best.”

能帮助我们学习类似发音的单词“best”和“rest”，同时还帮助我们辨别“good”，“better”和“best“之间意思的差别。

3.推理记忆法

总结单词构成的规律，然后把这个规律推广到一类词，以“穿针引线”的方式进行记忆的方法即推理记忆法。例如，在记忆weekly时，不难分析出它是由名词week（周）+“ly”构成的，其新的意义为“每周一次的，每周一次地，周刊”三个意思，得出规律：时间名词“+ly”意思为“每…一次的；每…一次地；…刊、…报”，然后把此规律推广到“daily，quarterly，yearly”，形成一系列的记忆。又如“windy”（有风的），可推出“rainy，cloudy，sunny”等等。

4.图像记忆法

通过运用图片，采用直观形象的方式，增强对具体单词的记忆的方法即图像记忆法。以“happy”“sad”为例，尝试以动手画简笔画的方式来记住抽象的内容。

5.放射记忆法

放射记忆法是指以一个单词为中心去发散思维想象其他和这个单词有关的单词的记忆方法。如由boat想到canoe（独木舟）、ferry（渡船）、raft（木筏）、steamer（汽船）、sail（帆船）等；由ship联想到passengervessel（客船）和cargo（轮船）等。

词汇是掌握英语知识和使用英语与他人交流的基础。词汇的发展预示着英语学习的未来进程。而英语单词形象记忆法对提高英语教学效率作用明显，如果学习者掌握了这些高效记忆策略，就会在词汇学习上收效明显。

如何增加英语单词量

我们都知道，任何一种语言都是由词汇组成的，而对于英语，我们也只有增加单词量，才能由量变造就质变，也就是说背单词是提高英语成绩的前提条件。如果不认识的单词太多了，英语成绩肯定无法提高。可能很多学生会产生疑问，到底怎么记单词才能记得牢呢？关于这一点，我们不妨先来看看一些英语成绩优异的人是怎样做的：

“我喜欢使用五官并用法。英语是一种语言，语言运用的最高境界就是四会——听说读写，因此相应的，要耳到口到眼到手到。很多同学在学英语的时候往往只用了眼睛、或者只用了手、只用了嘴、只用了耳，而没有想到在同一时间，五官其实可以并用，五官并用可以提高自己学习英语的效率。那么具体是怎么做的呢？拿到一个有声文本，我一般会进行五遍听音。第一遍听音不看文本；第二遍听写，即把自己听到的东西写下来；第三遍一边放录音，一边对照文本，看自己所听写的内容和原文本有什么差距，尤其是要注意自己写错的和没有听出来的地方；第四遍一边听文本，一边进行跟读，即看文本、听录音，跟读；第五遍不看文本，听录音，进行跟读。”

“当学习一个新单词时，我会先按照音标把这个单词准确地读出来，并对照着写出这个单词，记住它的意思，然后在这个单词旁边写下当天的日期，以后根据日期每隔两天复习一遍，直到自己能熟练地读出、写出为止。这就是单词时间标记记忆法。”

“我运用的是大声朗读法，我觉得朗读是非常重要的，因为在读的过程中既训练了听力，又提高了阅读水平，更重要的是培养了对英语的语感。语感是在面对英语试题时一种非常重要的能力，有时它是说不清楚的，但往往就是这种能力使我们在考试中能够解决一些棘手的问题。再者，英语的学习应该在平常的生活中见缝插针。仅仅利用在课堂上的时间是远远不够的，我们需要在课后投入大量的时间以巩固和完善。另外就是我们的朗读材料，不仅仅局限于课文，可以读的东西很多，比如说一些英文杂志、英文报纸。而且这些杂志报纸上文章的内容和课文不同，在读的过程中，我们经常会遇到一些生词，这些词是平常的课堂上可能遇不到的，但是在高考中可能会遇到。”

“我常使用翻查词典法，手边常备词典，不懂的单词勤查勤记，对于平日读书看报时遇到的生词，广告牌、包装袋上的生词，我都会留心。很多词其实都是我们日常碰到的，只是看你在平时有没有注意。手要勤一些，把这些生词记在本上，有空时翻一翻，自然就记住了。日积月累，词汇量便会逐渐丰富。”

从以上四位英语成绩优异的学生的记忆单词的经验中，我们可以看出，无论使用哪种技巧记单词，我们都要做到坚持不懈，即便现在你离升学考试的时间很近了，也要坚持背。

当然，在掌握了一定量的单词之后，我们还要懂得单词的具体运用。根据熟悉程度的不同我们可以把英语单词分为积极单词和消极单词，积极单词是我们在看到时能认出并且会主动用到的单词，消极单词是我们在看到时能认出但是不会主动用到的单词。积极单词对于英语写作很重要，消极单词对于阅读理解很重要，因此背单词时要注意效率，有些单词是经常在阅读中出现的，因此我们背这些单词时只要达到认识的程度就可以了，这样可以节约很多时间多背一些单词，而写作时需要用到的单词则一定要使之成为积极单词。

英语的学习并不是一件难事，首先我们要做的就是积累单词量，量变达成质变，有一定的单词量之后，我们的英语成绩自然会有所提高。

怎样快速记忆英语单词

虽然英语的词汇量很大，单词的来源很复杂，但是依然有很多人通过自己的努力成为了英语达人。其实，他们都有一套快速记忆单词的方法，以下是他们分享的几点心得：

1.汉字有偏旁部首，英语单词也是有结构的

据了解，英语单词共有六十多万个，这也不是绝对和全面的。它们都是由一个或若干个词素组成的，词素就是用以构成一个词的有意义的音节

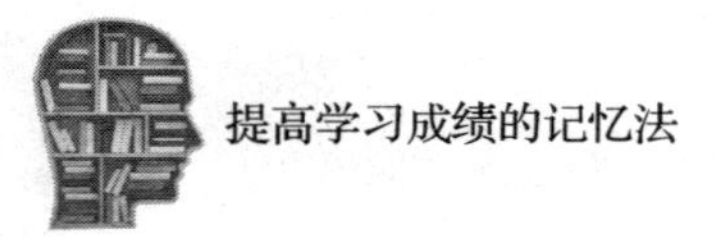

（比较专业的解释）。

比如：progress，是由pro-，gress两部分组成的，pro的意思是foward（向前），gress的意思是step（步），所以这个单词的意思是进步。

再比如：reconstruct，是由re-，con-，struct组成的，re-表示again（再次），con-表示together（共同），struct表示build（建立），所以这个单词的意思是重建。

2.结合读音规则记单词

英语的读音和拼写形式是两套符号，但它们是统一的、有规律的。大多数单词的读音和拼写是对应的。如单音节词一般是按开音节和闭音节的读音规则读音。如：late[leit]，tie[tai]，lamp[lamp]，stick[stik]。

辅音字母的读音一般是固定的，如字母c在多数情况下读[k]，只有在e，i（y）前面读[s]，如rice[raIs]，city['sIti]，bicycle['baIsIkl]。

双音节或多音节的重读音节的读音一般都符合开音节或闭音节的读音规则。学习多音节时首先要弄清单词的重读音节，做到按音节背字母单词。

如：famous['feIməs]-fa-mous著名的。

3.结合构词法记忆单词

前缀记忆，英语单词中，前缀很多，常用前缀有：anti-（反对，防止），co-（共同），de-（离开，除去），dis-（否定，相反），en-（放进），ex-（超过，向外），fore-（先，前，预），pro-（预先，向前），re-（回，重新），un-（不，无非）等。

如：uncomfortable（不舒适的），前缀un-（不），com-（共同）。

分解记忆：如：bicycle自行车（bi-两，cycle-轮子），deform变形（de-去掉，form-形状），subway地铁（sub-在……底下，way-道路）。

分组记忆：如：in-，ig-，il-，im-，ir-都表示“无”“非”“未”，

可以把含这些前缀的单词列在一起记忆，如：incomplete，incorrect，ignorance，ignoble，illegel等。

4.后缀记忆

后缀分四种：名词后缀、动词后缀、副词后缀、形容词后缀。

名词后缀：-al（动作），-ment（动作），-ion（行为），-ance（性质），-ness（性质），-ant（人），-ent（人，物），-ism（主义），-ist（人），-ship（身份，资格）。

动词后缀：-ate（造成），-en（使），-ity（使），-ize（使...化）。

形容词后缀：-less（无），-ful（充满），-able（能够），-ish（有...的），-ive（性），-ly（的，品质）。

副词后缀：-ly（地），-ward（s）（向）。

词尾分组记忆：如-th表示“动作”“过程”“状态”“性质”，相关单词有birth（出生），death（死亡），depth（深度），growth（成长），wealth（健康），width（宽度）。

多义词尾组合记忆：如nation名词（国家），national形容词（国家的），nationalist名词（国家主义，民主），nationality名词（国籍，民族），nationalize动词（使国有化）。

5.合成记忆

如：black+board=blackboard（黑板），foot+ball=football（足球），he+goat=hegoat（公山羊）。

6.比较记忆法

比如：air（空气）——hair（头发），black（黑色的）——lack（缺乏），send（送）——sand（沙），waste（浪费）——save（节约），safety（安全）——danger（危险）。

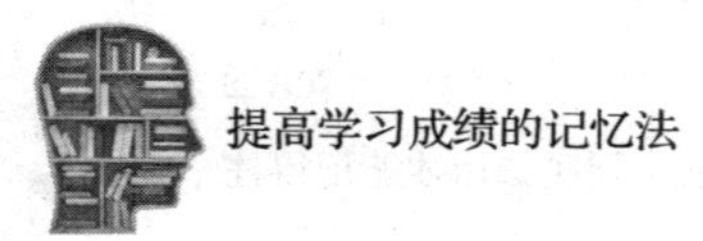

7.结合词组、短语、句型记忆

如：danger——intimeofgreatdanger在危机时刻

leadership——undertheleadershipof在……领导下

8.结合句子记忆单词

如：要记忆introduce（介绍）这个单词可结合句型introduce sb to sb.

e.g.：please allow me to introduce my friend Mr.Smith to you.（请允许我向您介绍一下我的朋友史密斯先生吧）。

总的来说，记英语词汇不能靠死记硬背，要讲究方法，从以上几个方面着手，我们就能快速记住单词，如果再能经常复习，就能牢牢掌握单词，增加词汇量，提升英语学习能力和知识水平。

掌握三大英语单词记忆方法

在英语的学习过程中，很多人都在努力寻求好的单词记忆法，下面有几点我们可以参考：

一、通过拼读规则来记单词

我们已经习惯了中国的构词方法，而英语用的是字母，因此，我们很难适应和学习。尤其是在记忆这一方面。

不过尽管如此，大部分英语单词的拼写和读音还是有一定的规律的，这也是我们需要注意到的。

英语有48个音素，要记住单词，就要记住辅音字母及辅音连缀的读音，元音字母及字母组合的读音，特别要注意是发长音还是短音，根据拼读规则进行记忆。

我们拿单词cook来分析，其中c读［k］，oo读短音［ʊ］，k读［k］，

c–oo–k，拼起来读［kʊk］，一般情况下字母组合oo在字母k前都读短音［ʊ］，那么took［tʊk］，ook［ʊk］，look［lʊk］等就可记住了；又如pen其中p读［p］，e读［e］，n读［n］，一般情况下字母n读［n］，类似的单词name［neɪm］，man［mæn］，plane［pleɪn］等，根据字母n在辅音［k］和［g］之前读作［η］这一规则，可记住单词bank、think、thank、English等。再如what中wh读［w］，a读［D］，t读［t］，wh–a–t拼起来读［wDt］，wh在一般情况下读［w］，类似单词有why［waɪ］，white［waɪt］，when［wen］等；根据wh的后面是元音字母o时，常读作［h］，可记住单词who［hu:］，whole［haʊl］，whose［hu:z］等。对于英语单词，有很多有规律可循的拼读规则，只要大家注意用上这些拼读规则，就不怕记不住英语单词。

二、通过归纳和比较来进行词汇的记忆

（1）有很多单词，因为形近义异，我们在遇到时都会感到似曾相识，且容易混淆，对于这种情况，我们可以使用“滚雪球”的办法，将新学到的词汇和旧的词汇进行归纳和总结，通过反复比较辨认来记住它们，这样，记住单词的量就会越来越多。如单词say（说），day（天），way（方法）等，它们的相同之处是单词形状即后两个字母相同，读音也相同，不同点是首字母不同，单词意思不同。类似的单词还有food［fu:d］（食物）与foot［fʊt］（脚）；bread［bred］（面包）与break［breɪk］（打断）；pleased［pli:zd］（高兴的）与pleasant［'pleznt］（令人愉快的）等等。

（2）通过同音或近音异义词的对比来记忆单词，可以避免混淆，同时提高学习兴趣。如：whether［'w ε ðə]（是否）和weather［'weðə(r)］（天气）；meet［mi:t］（会议）和meat［mi:t］（肉）；where［weəc(r)］（哪里）和wear［weəc(r)］（穿、戴）；glass［gla:s］（杯子）和grass［gra:s］（草）及class［kla:s］（班、课）。

（3）通过归纳同根词的办法来扩大词汇量，可以启发我们的积极思维，收到举一反三的效果。比如：care（用心）—careful（仔细的）—carefully（小心地）—careless（粗心的）—carelessness（粗心）；safety（安全）—safe（安全的）—safely（安全地）。

（4）通过对比同义或反义词的方法来记忆单词，可收到一举两得的效果。

（5）通过归类整理我们所学的词类词汇，同样是一种记忆单词或用语的有效的做法。比如：动词（like，ead，watch，e），名词（ook，oy，adio），形容词（ig，good，ed），副词（often，too，here），数词（one，two，three），代词（we，that，what），介词（on，to，in），冠词（a，an，the），感叹词（oh，hello，hi），连词（or，ut，and）。动词如look所组成的短语有很多，而且和不同的词搭配意思也不同，我们应该学一个归纳一个，如look at（看），lookfor（寻找），look up（在字典中查寻），look after（照看），look out of（向外看），look like（看起来像），look around（环顾四周），look on……as（把……看作），look worried（看起来担忧），look out（当心）等。动词短语在我们的教材中有很多，只要大家把它们注意归纳在一起来记，一定会取得较好的效果。

（6）通过归纳单词或短语的用法来记忆并掌握单词与短语，如动词finish，enjoy等词后跟动名词，be afraid of直接跟名词或动名词，be afraid to后跟动词原形，be afraid that跟从句，be made in之后跟地名，be made fom后跟看不出原材料的物质名词，be made of后跟看得出原材料地物质名词。

熟读例句，巧记词语

除了用拼读规则、归纳和比较的方法外，学会在句子中记忆单词，将词汇与句型有机地结合也是一种重要的单词学习方法。词不离句，熟悉了句型，便能掌握当中的词汇。

如：The teacher is vey strict in his wok and is vey strict with his students.（老

师对工作和学生要求很严格。）句中出现两个短语：表示“对某事要求严格”用be strictin sth.而表示“对某人要求严格”则用be strictwith sb.

此外，还有及时记忆法、听写记忆法、卡片记忆法、背诵对话记忆法、课文记忆法、重复记忆法、列表记忆法、构成记忆法、阅读记忆法等。最重要的是，记单词要做到“五勤”“五官”并用，要勤动脑想，勤动耳听，勤动口说，勤动眼看，勤动手写。要天天坚持，不能中断，要反反复复地复习记忆，充分利用每天的早读或晚读要坚持课外阅读。词与句结合，背诵难点、重点对话、课文，记单词时，还要注意决不能孤立地去记忆每个词或短语。有部分单词长，容易忘，但我们可以自己去观察、思考，发现单词的特点，开动脑筋记忆，并在听、说、读、写中加深理解，学习使用。

总而言之，英语词汇是能表示意思，并能独立运用的最小语言单位，是语言大厦的基本建筑材料，没有词汇就无所谓语言。任何人，要想学好英语，要想过好词汇关，在讲究学习记忆方法的同时，还必须有信心、有恒心、有毅力。“明知山有虎，偏向虎山行”。这样绝对没有攻不下的难关，没有记不住的词汇。

第9章

文综纷繁复杂，如何记忆才能条理分明

对于高中文科生来说，要想高考拿到好成绩，就不能忽视文综的学习。而文综的学习最重要的其中一点就是记忆，如果连文综的基础知识都没有记下来的话，就难以谈提高文综成绩了。有很多同学文综成绩不好的主要原因就是没有把基础知识记下来，即使理解能力再好，很多试题也没法答上。如何记忆文综知识就成了我们需要研究的问题了。在记忆文综知识的时候一定要理解记忆，把课本的知识点都变成我们自己的。接下来，我们就来学习一下如何记忆才能让文科各科知识条理分明，为己所用。

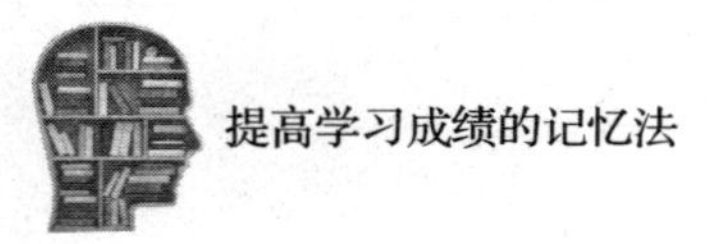

历史知识应该怎么记忆

我们都知道，历史属于文科科目，在升学考试中也占据着很大比重，而历史知识主要由一个个的历史事件构成，头多面广，靠机械识记的方法灌进脑海里的知识是杂乱无章、模糊不清的，而且很快会被忘记，那么，我们该如何记忆呢？

“对于历史的学习，我认为自己还算小有心得，100分的卷子我都是95以上，高考时也差不多是这个分数。对于历史来讲，事情发生的时代很重要，这个时代的生产力起着决定性的作用，而与之相对应的就是生产关系了，在生产关系这一大范畴下要讲求君主的政策、社会普遍生产力、对外开放程度等，一般历史试题无非就是什么时候有什么事情或者有什么与生产力对应的生产工具，而另一部分题则是考察你对当时政策和国内国际环境的了解程度了。如果你有时间的话可以买一本有大事年表的书，好好看几遍。你会发现，当时的社会环境和生产力状况会对某些事情造成必然影响，所谓有果必有因，一件事情就是下一件事情的起因之一，这是纵向的分析；之后看每一个时代世界上各个国家都发生了什么事，就是横向的分析了，因为在大航海时代以后世界上各个国家之间的联系渐渐加强，所以基本上发生的事情之间都有因果联系，不是背景就是原因。学习历史，多融会贯通几遍就好了，根本不用背，大量的练习题虽然不推荐，但是对某些人很必要，做练习题可以加深对知识点的印象，只要你认为有必要就好；还有请不要对历史产生排斥感，这样会使你无法很好地融汇，到时效果会不好的。”

这里，这位同学在历史学习上很有自己的一套经验，我们可以加以学习和借鉴。另外，我们还总结出五点记忆历史知识的经验：

1.比较记忆法

对于历史上发生的重大历史事件，我们往往可以利用这一方法，比如农民战争、政治改革、不平等条约等。这类历史事件和知识，彼此之间，或因其性质相同，或因其表现形式相似，在记忆时难免混淆。

要克服这一难题，我们可以将比较记忆法运用其中。通过比较，历史事件之间的相同点和不同点都能清晰地展现出来，这就便于我们对它们加深理解、增强记忆。但是，即使是比较，我们也不能蜻蜓点水，而要从各个方面对历史事件进行细致分析和了解。

举个例子，《南京条约》和《天津条约》的性质都是帝国主义侵略者武力强迫清政府签订的出卖中华民族权益的不平等条约；条约的主要内容都是强迫通商，其中主要条款之一都是强迫开放通商口岸，这些是同。

《南京条约》强迫开五口，《天津条约》强迫开十口。这些口岸很容易记混。但我们从地理位置上分析这些口岸，就会发现《南京条约》的口岸都在东南沿海，而《天津条约》的口岸已经延伸到北方和内陆了，找到了这个异，就不易混淆了。通商口岸由南延伸到北，由沿海延伸到内地，从这个异中可以看到帝国主义发动两次鸦片战争的目的都是打开中国市场，这又是同。从这里还可以进一步认识到第二次鸦片战争是第一次鸦片战争的延续和扩大。由此可见，用比较法记忆历史知识，既能巩固记忆，又能加深理解，一举两得。

2.归类记忆法

历史知识错综复杂，如果我们死记硬背，难免容易混淆。如果在复习知识时，把历史基础知识分门别类地、按问题的性质依次归纳到一起，捋出一条条线索，就便于记忆了。这种历史记忆方法就是归类记忆法适用于总复习。

比如，我们要了解自古以来台湾的问题，可以按照时间先后顺序，把关于大陆与台湾相联系的史实列出来：三国时期，台湾被称为夷洲，大将东吴卫温率万人船队到此；元朝时，在福建行省的同安县设置澎湖巡检司，负责管辖台湾和澎湖；明末清初，郑成功成功击败荷兰殖民者，收复台湾；清朝政府1684年设置台湾府，隶属福建省。这样，台湾问题就一目了然了。

归类记忆法好比以线穿珠，能够把不同时期、性质相同的历史基础知识贯穿起来，成为一串串系统的知识。它既有利于牢固记忆历史基础知识，又有利于加深理解历史发展的全貌和实质。

3.网络记忆法

网络记忆法适用于记忆复杂的历史事件。对于一个复杂的历史事件，如果我们经过认真分析，首先找出这个历史事件有几个要点，再进一步弄清这几个要点之间的联系，这样形成一个网络，我们就很容易记住了。

当需要回忆的时候，只要把这个网络撒开，储存在脑里的有关这个历史事件的印象，就会完整、准确、清晰、迅速地重现。这就是网络记忆法。比如：要记忆井冈山根据地是怎样建立的这个历史事件。我们经过分析，首先确定它有五个要点：

湘赣暴动；文家市转移；三湾改编；井冈树旗；市会师。

然后弄清它们之间的联系，也就是要点的顺序和要点之间衔接的内在关系，这样就能够牢牢地记住这个历史事件了。

网络记忆法是建立在理解的基础上的，我们必须理解要点之间的联系和每个要点本身所包含的内容和实质。这就要求我们对历史事件进行认真、仔细的分析，分析得越透彻，理解得越深刻，记忆得越牢固。否则，这种方法就难以发挥它的作用。

4.歌谣记忆法

歌谣生动轻松、朗朗上口，通过歌谣记忆法记下的知识让人久久难忘。这种方法特别适用于初一学生，因为初一学生理解记忆能力还比较欠缺，侧重于机械记忆而效果不佳，如果把一些枯燥的知识编成顺口溜、歌谣，一定能收到良好的效果。可以把每一课的内容总结为几句顺口溜，老

师编，学生也可以编，编得好不好没关系，只要把握教材重点，又便于记忆就行。如“商鞅变法”可这样编：“孝公治国有心计，商鞅变法最有力。承认私人有土地，奖励耕战免徭役，废除贵族的权力，建立县制搞治理。经济得到大发展，军队有了战斗力，战国后期秦最强，商鞅变法了不起。”这种方法对于激发学生的学习兴趣，提高记忆效果大有好处，但它也不是万能的，培养学生的理解记忆能力更为重要。

5.地图助记法

即结合地图，形象直观记地名。历史上涉及许许多多的地名，如中国古代史上历朝历代的都城、世界历史上众多的国家和地区，以及历史上许许多多的战争等，这就需要利用地图来帮助记忆。如“战国七雄”的名称及位置，我们可以这样记：“齐楚秦燕赵魏韩，东南西北到中原。”又如中英《南京条约》中开放的五处通商口岸，可这样记：从南到北“广厦福宁上”。这就既记住了名称，又记准了地理位置。

怎么记忆历史朝代和时间

大概很多学生在学习历史时都有个苦恼，历史事件很多，而与历史事件相伴相生的，就是历史朝代和历史时间，而朝代和时间是很容易忘记的，很多历史事件是在同一个年代发生的，课本却把这些事件放到了不同的章节，使我们很容易把事件孤立地看待。有什么好的方法能帮助我们记住历史朝代呢？我们先来看看下面的历史达人是如何记忆的：

某中学三班的路遥遥是个历史达人，历史考试成绩几乎很少失分，对于大量需要记忆的历史知识，她说：“我并不觉得历史朝代难背，我也从没刻意背过历史。因为我把整本历史书浓缩了，只记住朝代，然后把历

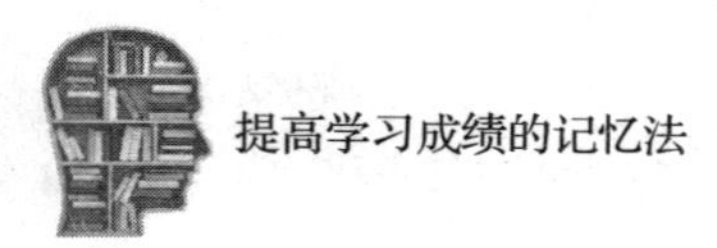

史事件当成每个朝代下面的小故事，一遍一遍反复看。长时间下来，当试卷中提到哪个历史事件时，我自然而然知道是哪个朝代的什么时间发生的了，并且，书上相关的一页内容会连图带字地在我脑中呈现出来。”

一位已经大学毕业的学长给出了学历史的心得：“我学历史的时候是这样记的：把历史书当故事书一样看，津津有味地多读几遍，然后把朝代单独摘出来记住先别管它，再把历史事件按发生顺序排好（发生在同一年的事情，自己在心里给它划个括号），最后把朝代跟历史事件一混合。当年我学历史其实从来没背过，给大家个建议，平时有事没事把历史书随便翻着看看，开始会觉得没兴趣，但时间长了，你就会觉得好像看电影一样。一边看，一边想些平时看过的与这段历史有关的书或电视什么的，我很少听老师讲课，但我历史成绩能排进年级前三。”

从以上两位历史记忆达人的陈述中，我们可以发现，虽然历史是文科，但也不可死记硬背，而要把握脉络，尤其是历史朝代和时间，我们更应该找到窍门，轻松记忆，具体来说，有以下方法：

1.编大事年表

顾名思义就是按照时间先后顺序编出某一段历史时间段内或者某个章节的大事年表，以及编出整册书乃至整个古代史或近代史、现代史的大事年表。

2.通过比较进行记忆

如我们可以发现，世界近代历史开始（1640年）和中国近代历史开始（1840年）的时间，刚好有着200年的时间间隔；中国奴隶社会结束（公元前476年）和西欧奴隶社会结束（公元476年），都是在476年，不过一个在公元前，一个在公元后；日本明治维新（1868年）和中国戊戌变法（1898年）之间相差30年。

3.归纳同一个年代发生的大事

如1861年，慈禧太后发动政变，总理衙门设立，俄国农奴制改革，美国内战开始。又如1927年在中国历史上发生了许多大事：国民党右派发动了三次反革命政变，南京国民政府建立，共产党人领导了三次武装起义，召开八七会议等。

4.使用有趣的单年记忆法

如：孙中山为捍卫辛亥革命果实，反对北洋军阀统治的三次斗争时间分别是1913、1915、1917年，再加上1911年的辛亥革命和1919年的五四运动，正好是1、3、5、7、9，又如：1781、1783、1785、1787、1789年这组时间，巧妙地把美国独立战争、英国工业革命、法国大革命连结起来。

5.画知识树

我们在复习各种历史知识时，难免会涉及离历史时间和朝代，我们可以一边画知识树一边对知识进行回顾，包括大标题、小标题、每一个小标题下的各项具体内容，它们就好比树干、树枝和树叶，我们记的时候先抓住树干，再逐步添枝加叶。知识点是零散的，就像满地的珠子，如果我们用线把它们串起来，带走就方便了，这一方法可以运用到课后复习、单元复习、专题复习、系统复习等各种各样的复习中。

政治知识如何做到过目不忘

我们都知道，政治有很多知识点需要学生背诵，一些同学觉得政治很难学，特别是要记很多知识点，让人觉得很痛苦。每次读书时，看着密密麻麻的笔记，就不知从何下手。

那么，怎么才能快速背政治知识呢？我们先来看看下面这两位学生的学习心得：

“政治分三块：经济，哲学，政治。学经济要善于分析，尤其是对于一些相关现象，答题时把点对上题目，加上自己对题目的理解总结，平时要多做题目，积累答题经验，还要注意开阔自己的思路；哲学嘛，要串，有唯物论、有辩证法、有认识论，你要把这三块分别记下来。答题的时候看材料，试着找出材料中每一句话对应的哲学观点，这是最便捷答题方法，当然还有一些答题的诀窍是要在请教老师的时候得出来的，你可以多问老师，对于学哲学我觉得悟性还是很重要的。政治这块就没什么说的，背！！包括课本上很细的点。还要关心时政，学会用课本观点去分析最近发生的大小时政新闻，答题时注意从不同角度去答，要全面。”

“想要背政治知识，首先要静下心来，熟悉课本。如果我们对政治课本是完全陌生的，那么背政治知识点时一定会很吃力。这个熟悉课本的过程需要一到两周左右，然后就可以开始背了。首先，我们在背一个知识点时，内容都会有一大串的文字。我们学语文都知道，一个句子或段落往往会有一个中心点。而我们背在政治知识点时，首先要找出这句话主要是围绕什么内容去讲。比如这句话：对国家来说，加强宣传，做好舆论宣传工作，提高用人单位和劳动者的法律意识。我们来分析这句话主要围绕什么内容来讲。就两个字‘宣传’，其他的内容都是围绕它来进行拓展的，所以我们在背这个知识点时，记住这两个字就可以了。在做题考试时，我们可以围绕这两个字，用自己的语言进行拓展。不过，要是想得到高分，最好能把课本的知识点全部背出来。多看多记，反复巩固复习。”

这里，我们从他们的陈述中，可以发现，背诵政治知识，一定要提纲挈领，围绕中心点。虽然每个学生的记忆方法都不同，但有一些背诵技巧也是通用的，我们总结了以下几点背诵技巧：

1.充分理解是基石

很多学生在背政治的时候往往都是死记硬背，效果往往不是很好。对于政治的一些知识点还是要理解着背比较好。另外，对于政治课本中的黑体字、图表、拓展性的文字，都要重视，这些往往都是出题点。

如果有的知识点你总是背不过、记不住，那么有可能根本原因是你还没有充分地理解它们，总是在“背滑句”，这样自然效果不佳。因此，要想攻克这些难记的知识点，首先要拿出一部分精力来充分理解它们。政治所有的知识点都是对特定原理的解释和说明，尽管有些知识点可能很抽象，但是并非完全无法理解。需要注意的是，不要从一开就抱着“背”的态度去对待它们，应该首先从“读”开始，不是为了记住，而是为了理解、弄懂。政治原理虽然枯燥，但并非艰深，多读几遍，融入自己的思考，很快就能弄明白它们在说什么。如果实在不理解，可以求助于老师或同学，或者通过一些现实中的实例去理解，这样一定能“开窍”。

2.集中进行突破式记忆

有时候我们记不住一些东西，是因为跟它们还“不熟”。政治知识尤其如此，很多理论由于太枯燥，我们每次都只是看一眼、背一遍就丢到了一边，没有兴趣再去回顾，自然不能及时巩固记忆。因此，对于现阶段还未掌握好的知识，建议大家拿出专门的精力来去进行突破式记忆，一遍不行十遍，十遍不行就几十遍、百遍，只要跟它产生了足够的“亲密接触”，不愁记不住。

3.将知识“外化于形”

也许经过了前两个阶段的充分理解和突破式记忆，我们已经做到了将知识“内化于心”，但这还不够，我们还需要将它们“外化于形”。

一方面，外化的过程是一种巩固记忆；另一方面，考试也是一个将内心的知识“输出”到卷面上的外化过程。

外化最好的方法就是进行做题训练。复习后期，建议大家将真题和模拟题结合起来做，一个用来加深对重点难点的理解，一个用来训练做题状态，两者共同发挥作用，必能事半功倍。

4.借助做题巩固知识

学生可以利用做题来辅助背诵知识点。做的政治题多了之后就会发现，一些常考题目所考察的知识点，即使没有特意背诵过，也可以记住。这是因为做的次数多了，就熟悉了。

所以，我们在做题的时候，要把做错的题或是没有思路的题的答案都在书中标注出来，重点背这些政治知识点。

记忆地理知识点，一定要结合地图

对于文科生来说，地理是必考科目，然而，可能很多学生会把地理当成学习文综的“死穴”。很多学生感叹：地理太难学了，要记的地名、地貌特征、人口等太多了，不但记不住，还容易弄混。假如你有这种感觉，可能是因为你没有掌握学习地理的正确方法，对此，我们不妨来看看下面几位地理成绩优异的学生的学习心得：

“文综达人”郑丽丽刚高考毕业，今年文综题目很难，但是她依然拿到了230的好成绩，对于文综的学习，她有很多秘诀。对于地理的学习，她表示“毫无压力”。她各买了一册中国地理、世界地理的图册，详细地阅读了上面的解析，把山脉、河流、气象等信息全都装进了心里。她不仅考试的时候能随时在脑海中调出一幅完全立体的“Google地图”，而且在思考历史事件、政治问答的时候，也能通过这幅脑海中的“地图”进行定位。这幅地图不仅使她的思路更加开阔，也使记忆效率大大提高了。

陈圆圆是一位地理通，她说：“可以这么说，一本好地图能为我们的地理学习带来无与伦比的帮助。按我个人的经验，选择地图时，要注意以下几点：图例与标注准确；区域地图图幅较大，地理事物清晰；地图上有教材知识概要，最好要有适当的拓展。

有了一本理想的地图之后，就要经常翻看。在记忆区域地理的时候，可以选择利用经纬线定位的方法，定位不用十分精确，只要大致了解地理事物所在位置就可以了。

但是，千万不能将教材弃置不用。教材中有许多地理原理的典型例子，深入浅出，认真读教材能帮助我们更好地理解地理知识。如果地图上的内容与教材出现冲突，一定要以教材为准。例如，六大板块的图，不同地图有不同的版本，此时则应以教材的版本为准。另外，地理题目也有规范的答法，要有意识地多用地理术语，答题要有条理。”

从以上两位学生的学习心得中，我们都看到了地图对地理学习的重要性。记忆地理知识点，一定要多看地图。

我们要记住重要的地理位置，还要了解重要经纬线穿过的地方，了解各地的气候、地形。我们可以先把世界地图、中国地图按经线纬线、大致轮廓、地形区（如山地、高原、盆地、河流）画一遍，再往上填详细信息（包括重要城市、气候类型、植被、工业，农作物），还要注意，记住原理。这样，做区域地理题和时间计算题时，便可以图题结合。

分析区域地理，从四大方面入手：

（1）地理位置：海陆位置、经纬度位置。

（2）自然特征：地形地势、气候、资源、水文（河流、湖泊）。

（3）人文特征：农业、工业。

（4）城市、人口。

当然，学习地理并不是记住地图就能取得良好的成绩，你还要做到：

书上的知识一定得懂，一定要去背，但不能死记硬背，要理解背诵。做题时要从基础做起，然后总结大体规律（如问气温降水，就要考虑地形、气候、海陆位置、是迎风坡还是背风坡），一定要先积累，再做能力题、开放

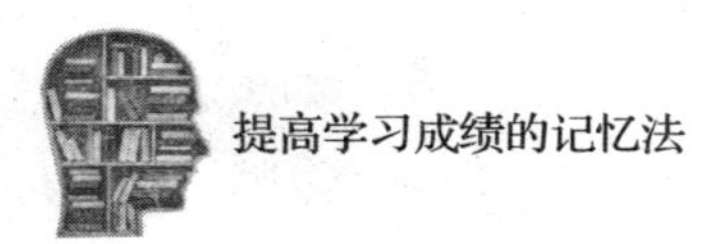

题。做这些题时要积极思考，一道题想出不同的解释，做到举一反三。

上课要认真听讲，如果有听不懂的，一定要先自己思考，想不明白再问同学和老师，这样印象才会深刻！

准备一本错题积累本，把平时不会做的题目和做错的题目整理一下，平时多拿出来翻一翻，考试前看一看。

准备浓缩版资料，用于最后的复习。所谓浓缩版资料，就是知识结构体系、知识遗漏点、掌握得不牢固的地方等。

当然，学习方法并没有优劣之分，只有适合自己与否之别，根据自己的经验，建立一套适合自己的方法，才能达到事半功倍的效果。

学好文综要将知识整体串联起来记忆

提到文综，可能很多学生认为，死记硬背就能学好，背诵固然重要，但是也必须有整体把握与串联知识的能力。方法有很多，要摸索适合自己的。

我们先来看看下面这位文综学霸是怎么学习文综的：

林轩是刚从高中毕业的学生，她的高考文综成绩达到270分，她在分享学习经验时说："学文综基本功很重要，熟练掌握课本上的基础知识是文科学习的前提。课本上没有一句话是多余的，因此必须精读课本，要理解透每一句话。对于文科生而言，记忆力都不会差，把课本上的基础知识搞定，才有资格谈下一步的'进阶'。

其次，要培养跨学科学习的思维。'文科综合'，要真正'综合'起来。我的方法是以历史为主轴，把政治、地理、历史广泛地联系起来进行思考，在脑子里还原一个丰满、立体的世界，决不能就学科论学科。

再次，总结、积累'套路'。对于文综的大题而言，命题、答题往往有固定的套路，搞明白这个，就能‘见招拆招’。比如说政治的大题，当你见的题足够多了，就能明白题目都有哪些类型、一般都是怎么设问的、‘踩分点’在哪里。老师替同学们总结了许多题型和对应的答题方法，但自己也要积极主动去思考、整理、积累，才能熟记于心，灵活运用。

最后，要重视答题的规范性和技巧。很多同学解题常常‘似是而非’，洋洋洒洒答一大篇、十几条，觉得自己该答的都答到了，但总拿不到分。这往往是因为答题不规范，‘不按规矩出牌’，或没答到点子上。同学们必须锻炼分析题干的能力，把材料每一句话都读通，迅速找出‘踩分点’，答题的时候紧密围绕这些‘点’进行回答。该答的一点不漏，不该答的毋庸多谈，为自己节省宝贵的答卷时间，也让卷面简洁。”

林轩学习文综的方法的确值得我们学习，这里，她也强调了要联系起来学习知识和思考问题。

那么，对于文综该怎样学习，我们总结出了一些具体的做法：

1.以书本为依托

高考文科综合对课本已有知识的掌握程度的考察非常重视。所以，要在高考中大获全胜，课本是法宝。课本要多看几遍，可能不能完全背下来，但是做题时能准确回忆课本几乎所有知识点。关于看书，有几点建议：

（1）抓住书本框架，背熟目录和小标题。高考考察的不是零散的知识点而是知识的整体，背熟目录才能建立知识点之间的深入联系，为知识的迁移和运用奠定基础，才能在考场答题时做到大跨度和宏观概括，避免因遗漏观点而失分。

（2）不放过任何角落。大字小字一起看，还有批注，插图及其说明等。还要留意未列入考试大纲的内容，因为高考试题“超纲”现象常有发生，如某一年广西高考历史选择题就把大部分考生弄得惊慌失措。

（3）笔记记在书中，并注意整理。把笔记记到书里是最好的，方便和课本知识紧密联系。可以把参考资料里的延伸知识或者精辟见解都抄录在书中，我们翻阅课本时也可以一起复习。这样在考试中我们的历史语言表达也会更加完善和专业，且涉猎面和跨度也更广，进而得分更高。

（4）分专题总结。在第二轮复习中老师也会进行总结，但是如自己能总结效果最好。比如世界之最，中共会议之类的。这样不仅可以让读书看书更加有趣，还可以提高我们的归纳总结能力。

2.注重热点

高考文科综合常会考察学生运用书本知识分析或解决热点问题的能力，所以，我们在复习过程中应该注意热点分析。具体的方法是，先弄清近年，尤其本年度有什么重大热点，然后弄清每个热点可能的命题角度，再以这些角度为线索归纳整理相关书本知识，运用相关知识分析热点，最后是拿一些“重点预测”来训练自己的应试能力和检测自己是否真正掌握了这些知识及答题技巧。

3.研究真题

近几年的高考真题是我们所见到的所有练习题中信度最高的试题。要有计划地逐题深钻细研，对各类题型题目、不同的设问方式等的解题方法进行总结归类。研究标准答案、试题背景材料和考试要求间的关系，总结出命题人构思答案的方法。答题时要做到段落化、要点化、序号化，概念的表达和史实的表述要清晰而准确。我们还要善于利用材料，有很多答案都可以在题目所给材料中直接找到，而这点却容易被许多考生忽视。

文科综合确实是令很多考生头痛的部分，它的分值高而且主观题比重大。不过，只要你能真正将知识串联起来，对知识了然于胸，就一定能考出好成绩。

第10章

数理化难度大，根据逻辑关系巧妙记忆

前面我们已经分析过文科各科学习的共同特点——记忆，其实理科也是如此。实际上，那些成绩优异的学生之所以理科各科成绩都很理想，不但因为他们懂得掌握各科的学习方法，更因为他们没有忽略记忆。我们也要认识到这一点，以他们为学习榜样，并行动起来，相信也能成为理科达人。

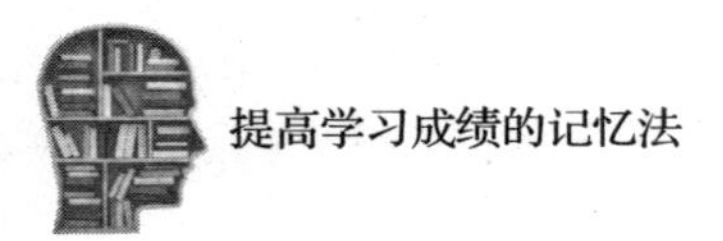

记住规律，轻松解答数学题

很多学生觉得学好数学实在是太难了，在他们看来，似乎只有高智商的人才能学好数学，其实这是个误区。那么，为什么一些学生能学好政治、历史这些学科，偏偏学不好数学呢？

一些学生认为，这是因为数学是理科，考验的是人的思维，而政治、历史这些学科主要是考记忆类的知识的记忆，在他们看来，数学是不需要记忆的，这种观点其实是片面的。其实，无论是中考还是高考，数学题都没有我们想象中的那么难，大部分题目也是从基础知识出发，一些中高难度的题目，考的也是平时的思维能力，因此，我们需要记住基础知识和答题规律，从这一方面说，数学虽然是理科，但同样需要记忆。

我们先来看下面两位数学尖子生的数学学习心得：

陈涛一直名列初三年级的数学第一，在谈到自己的数学学习经验时，他说："数学这个学科可能容易学，但也可能不容易。只要能掌握规律，又认真、踏实，学好并不是很难。

我们学数学并不是完全靠做题，还要记住规律，尤其是概念、定理和公式，这些要求我们要理解着记忆，最好自己推一遍这些公式和定理，比如三角函数中两角和差的正余弦公式、正切公式。课堂上要跟上老师，注意老师讲的方法、技巧以及思想，最好自己能够总结一下。比如说，求函数值域的方法有单调性法、不等式法、判别式法、数形结合法、导数法，这些都需要我们自己理解透彻。

数学的复习很重要，复习一次，就能加深一次记忆，不能学了后面的就忘了前面的。至于做题，则要做到举一反三。可以给考题分类，做一道题等于做一类题，这样才有效率。而要做到这一点，我们就要有类比的思想，要时时刻刻思考。

另外，考试中更重要的一点是细心，要避免无谓失分。只有知识和细心结合，才能考出好成绩。”

某校理科第一名林建说：“我学习数学的第一个方法是知识点网络总结法。平时做数学题时，往往会遇到一些题目让我们感觉到无从下手，这个时候如果我们能联想到这道题目所考察的知识点，就可以以此为线索，找到解题的突破口。所谓的知识点网络总结法就是在平时做题时，如果遇到解答中出现困难的题目，就把这道题整理到本子上，并将与这道题目有关的解题方法和所考查的知识点在题目的旁边列出来。这样经过一段时间的训练，在考试的时候看到题目就能联想到有关的知识点，并迅速找到相应的解题方法了。使用这种方法一方面可以提高解题速度，为考生节约不少时间，另一方面可以提高做题的正确率。”

这里，两位同学都有各自的数学学习经验，但总结起来，我们发现，他们都注重归纳和总结，注重掌握解题规律。

那么，我们到底该怎样才能学好数学呢？下面是高考状元们总结的几条经验：

1.注重课本

彻底掌握相关的概念、定理以及公式，如果把解题看作是盖房子的话，这些基本的概念和公式就是砖头，没有砖头是无法盖房子的。

2.注重基础

做题时要多做基础题，不要只钻研难题和偏题。因为高考试题中大部分的题目都是基础题，所谓的“难题”其实也是由基础题通过一定的方式组合起来的，如果基础题没有做好，根本就不可能解决难题。

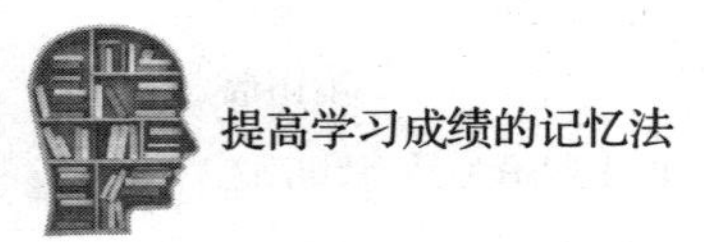

3.注重归纳总结，建立数学的知识体系

做题不是做得越多越好，要讲究效率，要做一道题目会一类题目，这就需要同学们学会归纳总结。归纳总结是学好数学的核心所在，是把所谓的“数学考思维”变成“数学考记忆”的关键一步。如果把数学中所有的知识点及其应用、所有的题型以及解题思路都归纳总结好了，剩下的就是通过做题来加深记忆，这时考数学就变成考历史、政治一样了，没有那么可怕。

4.建立错题本

这是根据自己的实际情况对症下药的最好的办法，由于时间紧张，好钢要用在刀刃上。另外要注意建立错题本不是最终目的，最终目的是通过建立对错题本确保自己在临考前没有错题可以遗漏。

5.注意答题的训练

考试是有时间限制的，因此一定要进行训练。在临考前，要多做几套模拟题，除了进一步查漏补缺以外，还能训练答题速度，以及训练答题的书写。

在考场上，由于时间有限，如果遇到自己平时没有总结过的题型，或者总结过但记忆不牢靠、运用不熟练的题型，一般是不可能现场想出来解题方法的，这样的题就是对你来说所谓的“难题”。而自己总结归纳过并且记忆牢靠的题型对你来说就是“简单题”。因此要想学好数学，最重要的就是归纳总结。

掌握学好物理的十大要点

对于很多中学生来说，物理是必学科目，而且在中高考中占据的分数比重不小，但是很多学生感觉物理真的太难了，公式太多、定理太繁杂，还要推理、分析和演算。不少学生认为，物理作为理科，注重理解和应用，因此，不需要记忆。但其实不然，物理中的概念、公式还有实验，都需要我们熟记。总的来说，要学好物理，我们需要掌握十大要点：

1.三个基本

基本概念要清楚，基本规律要熟悉，基本方法要熟练。关于基本概念、基本规律，要熟悉它们是怎么来的？为什么要引入？它们有什么用？它们的物理意义是什么？和其他哪些物理量相似或类同？与谁有联系？怎样记忆它们等等。

另外，我们在学习物理的过程中，总结出一些简练易记实用的推论或论断，对帮助解题和学好物理是非常有用的。如“沿着电场线的方向电势降低”“同一根绳上张力相等”“加速度为零时速度最大”“洛仑兹力不做功”等。

2.独立做题

要独立地（指不依赖他人）、保质保量地做一些题。题目要有一定的数量，不能太少，更要有一定的质量，即要有一定的难度。任何人学习数理化不经过这一关是学不好的。独立解题，可能有时慢一些，有时要走弯路，有时甚至解不出来，但这些都是正常的，是任何一个初学者走向成功的必由之路。

3.物理过程

要对物理过程一清二楚，物理过程弄不清必然无法解题。题目不论难易都要尽量画图，有的画草图就可以了，有的要画精确图，要动用圆规、三角板、量角器等，以显示几何关系。画图能够变抽象为具体，洞悉题中的物理过程。有了图就能作状态分析和动态分析，状态分析是固定的、间断的，而动态分析是变化的、连续的。

4.上课

上课要认真听讲，不走神。不要自以为是，要虚心向老师学习。老师

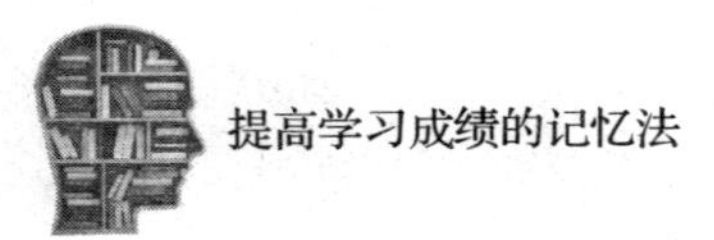

讲得简单时也不要放弃听讲，可以当成是复习、巩固。尽量与老师保持一致、同步，不能自搞一套，否则就等于完全自学了。入门以后，有了一定的基础，则可以有一些自己的见解，学得越多，自己的见解越多。

5.笔记本

上课以听讲为主，还要有一个笔记本，把知识结构、好的例题、好的解题方法、听不太懂的地方等记下来。课后还要整理笔记，一方面是为了"消化好"课堂上的内容，另一方面还要对笔记做好补充。笔记本不是只记课上老师讲的，还要做一些摘记，自己在作业中发现的好题、好的解法也要记在笔记本上。笔记本要编号，以后要经常看。

6.学习资料

学习资料要保存好，做好分类工作，还要做好记号。学习资料可以按练习题、试卷、实验报告等进行分类。对好题、有价值的题、易错的题，要分别做不同的记号，以备今后阅读，做记号可以节省不少时间。

7.时间

时间是宝贵的，没有了时间就什么也来不及做了。我们可以充分利用零碎的时间。我们可以利用睡觉前、等车时、走在路上等时间，把当天讲的课一节一节地回忆，这样能强化记忆，也能节省日后复习时用于重新记忆的时间。物理题有的比较难，但有时候我们可能会在散步时想到它的解法。

8.向别人学习

要虚心向周围的人学习，看人家是怎样学习的，经常与他们进行"学术上"的交流，互教互学，共同提高，千万不能自以为是。也不能保守，有了好方法要告诉别人，这样别人有了好方法也会告诉你。在学习方面要有几个好朋友。

9.知识结构

要重视知识结构，系统地掌握好知识结构，这样才能把零散的知识综合起来。大到整个物理学的知识结构，小到力学的知识结构，甚至具体到章，如静力学的知识结构等。

10.数学

物理的计算要依靠数学，对物理来说数学太重要了。如果没有数学这个计算工具，学物理是寸步难行的。大学里物理系的数学课与物理课是并重的。要学好数学，利用好数学这个强有力的工具。

化学是理科，也需要记忆

我们都知道，理科包括数理化，数学和物理注重理解，而化学被称为理科中的文科。化学在考试中题目量较多，单题分较少，因此很多学生的化学成绩波动性不大，比数、理稳定。化学需要识记的内容很多，包括基本知识、元素及其单质、化合物性质、基本解题方法等，具有某些文科的特点。因此，要学好化学，与文科一样，是离不开记忆的。

现在已经从某名牌大学毕业的小周在谈到自己高中学化学的经验时说："化学大概是大家感觉比较好学的科目，它和数学、物理一样，要把听课、钻研课本、做习题有机地结合起来。化学中有几个板块：基本理论、元素化合物、电化学、有机化学等。我认为学好化学要注意多记、多用、多理解，化学题重复出现的概率比较大，重要题型最好能在理解的基础上记住，这些题所涉及的许多化学反应的特征比较明显，把它们记牢对于解推断题将会有很大帮助。

另外，我们在平时做题时要注意总结一些小窍门或小结论，并经常用一用，这对提高解题速度有很大帮助。高考化学试题中选择题占87分之多，因此多解、快解选择题是取得好分数的重要因素。

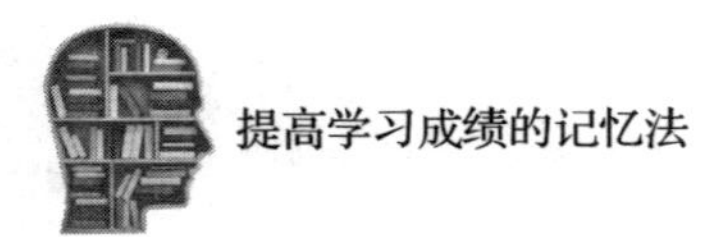

举一个简单的例子：45克水蒸气和4.4克二氧化碳混合后气体的平均分子量为多少？①45.1，②17.2，③9，④19。如果拿到题马上开始算，大约要2～3分钟，如果你用上自己的小窍门，注意到该混和气体的平均分子量只能在18～44之间，那你可只用两秒钟时间就选出正确答案。类似这样的小窍门还很多，希望大家多留心，注意寻找用熟，迅速提高模考分数。"

正如小周所说，化学是一门有文科性质的学科，要求理解记忆的东西很多。要学好化学，必须把这一关过好。

在中学化学中，主要的内容还是以某一种元素或某一族元素为主，学习它们的物理性质，特别是化学性质。每一种元素都是与众不同的，所以学习每种元素的时候，对于元素表现出来的所有性质都要一一掌握。例如学习铁元素的过程中，就应该掌握铁的物理性质和化学性质等重要内容。而学习某一族元素的时候，首先应对这一族元素的代表元素及其化合物的物理性质、化学性质、用途和制法等进行学习，然后从个别到一般逐步地展现这一族元素的性质及变化规律。这样掌握的知识全面牢固，在以后用到的时候就可信手拈来，而不用找课本。

化学是研究物质化学性质的学问，所以贯穿于化学始终的是化学反应，所以说学好了化学反应也就学好了化学。例如在有机化学中的种种重要反应，考到的很多，我们学习这部分内容时，要理解反应的本质，以及熟练掌握反应原理、装置、条件、注意事项等内容，这样大部分的题目就可以顺利通过了，剩下的题目也就是再加上数学运算，可以很容易得通过。对于基础比较差的同学，先掌握化学反应方程式的书写，成绩就可以提高很大一截。

在做题目时有很多的方法可以大大减小运算篇幅，并能起到出奇制胜的效果。下面就介绍几种常用的方法，以供大家参考：

1.元素守恒法

学过化学的学生都知道，在任何一个化学反应里，元素的种类个数是不会变的，改变的只是元素的原子的排列结构顺序，这样我们就可以略去很繁琐的中间过程，直接对要求的元素进行求解。

例如，有这样一个化学反应：有100g硫酸亚铁样品，其中含有一些杂质硫酸铜，我们把样品溶于水，然后放进足量铁粉，之后过滤放进足量盐酸，过滤，灼烧残留物得到物质的质量是样品的1/20，求样品的纯度。

这个题目就是能运用这个方法的典型例子，虽然过程中有很多变化，但其中的铜最终都转移到了氧化铜中，可以据此进行计算，显然要比用其他方法简单得多了。

2.相关元素法

这是个很简单的方法，举个例子就可以说明问题：现有这样一个混合物，包括硫酸亚铁、亚硫酸铁、硫化亚铁，其中铁的质量分数为$a\%$，我们需要得到的答案是氧在混合物中的质量分数。我们很容易知道，这里的每个铁原子对应的就是一个硫原子，根据铁与硫的原子质量比就可以求出硫的质量分数，氧的质量分数只要用100%减去铁和硫的质量分数就可以得到了。

对于特别的反应现象或条件，例如生成黄色溶液，产生红色沉淀，产生气体，需要高温，需要催化剂等，我们可以从中联想到我们学过的元素的性质，来与之对应，很快就会找到正确的答案。

生物学习要吃透教材实验

我们都知道，生物是与我们生活联系最为紧密的学科。生物世界五彩缤纷，生物科学飞速发展，生物技术日新月异，改变着人们的生产方式与生活习惯。而作为学生，学习生物，更是升学的必要，尤其是在高考理综中，生物占据着不少的比重，然而，生物对于很多学生来说似乎很难，除

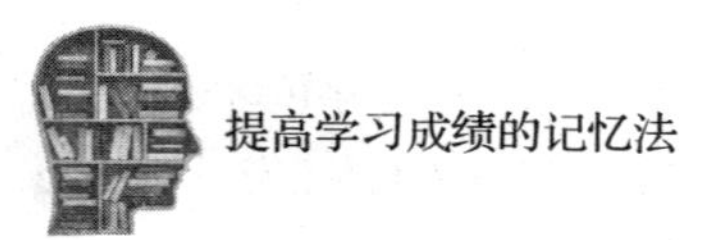

了概念太多、知识点繁杂，还有很多以前没有听过的术语。生物本身是一门实验学科，很多学生之所以学不好生物，很可能只是因为没有吃透教材中的实验。

高中生物虽然是理科，但它的学科特点不同于数学和物理，学好高中生物既需要严密的逻辑思维，也需要精准的记忆，这里的记忆不是指死记硬背，而是在理解的基础上进行的记忆，联系生活经验，灵活运用理论知识解决实际问题。

学习生物，重要的一个部分是分析概念，且要留意那些容易被忽略的细节。掌握住了概念和细节，生物学的学习也就滴水不漏了。在理解概念的基础上，将所有知识串联成知识网络，把分散在各个章节的知识点、具体例子通过“生命的物质基础与结构基础”“新陈代谢”“生命活动的调节”“生物的生殖和发育”“遗传与变异”“生物与环境”等几条主线贯穿起来，化零为整，系统地学习生物知识。

梳理知识是一个部分，还有个重要的部分是体会其中的规律，如结构与功能相适应、生物与环境相协调，掌握这些规律将有助于生物知识的理解与运用。例如，红细胞两面凹陷，增大了表面积，也能够容易地发生形变，更充分与氧气接触，从而更自如地在毛细血管里运输氧气，体现了结构与功能相适应的规律。

生物科学的基础是实验，培养实验能力显得至关重要。首先要吃透教材实验，理解记忆每个实验的实验原理、目的、材料、操作方法和步骤、注意事项、数据采集与分析的方法、得出结论的依据等。熟悉了基本仪器的原理和药品的特性，可以尝试实验设计，在实践中掌握单因子实验变量原则、平行可重复原则的运用，正确设置对照实验，得出切实可行的实验方案。

考试时答题要规范，正确使用相关术语，牢记教材中概念、原理的表述，才能拿全应得的分数。

要学好高中生物，不仅要有明确的学习目的，还要有勤奋的学习态度和科学的学习方法。针对生物科学的特点，学好高中生物应做到以下几点：

1.要重在理解、勤于思考

生物学的基本概念、原理和规律，是在大量研究的基础上总结出来的，具有严密的逻辑性，课本中各章节内容之间也具有密切联系，因此，我们在学习这些知识的过程中，不能满足于单纯的记忆，而是要深入理解，融会贯通。

2.要理解科学研究的过程，学习科学研究的方法

生物科学的内容不仅包括大量的科学知识，还包括科学研究的过程和方法。因此，我们不仅要重视生物学知识的学习，还要重视生物科学研究的过程，并且从中领会生物科学的研究方法。

3.要重视观察和实验，生物学是一门实验科学

没有观察和实验，生物学也就不可能取得如此辉煌的成就。同样，不重视观察和实验，也不可能真正学好生物。在日常生活中也要注意观察生命现象，培养自己的观察能力。

4.要重视理论联系实际，学以致用

生物学是一门与生产和生活联系非常紧密的科学。我们在学习生物学知识时，应该注意理解科学技术和社会（STS）之间的相互关系，理解所学知识的社会价值，并且运用所学的生物学知识去解释一些现象，解决一些问题。

总的来说，我们要明白，虽然生物是理科，但同样需要记忆，而生物课的记忆要建立在对教材实验把握的基础上，这是重中之重，真正吃透了教材实验，也就掌握了生物的精髓。

实验和做题对物理学习大有裨益

物理是很灵活的科目，学好物理不仅需要完全理解概念，还需要掌握一定的方法，其中做题和实验至关重要。我们不妨来看看物理达人是怎么说的：

“实验对物理来说是相当重要的一部分，实验题在考试中也占有很大的比例。而学好物理，把握好物理实验是可取的方法之一，只有弄清楚了基础实验，才能尽情探究物理世界的奥秘，同时很轻松地搞定高考的实验题。

高考里面的实验题是由基础实验转变过去的，往往把多个方面内容组合起来。例如这边是一个关于力学方面的东西，那边是一个关于电学方面的东西，试题可以把两个方面综合起来。其实，出现在试题中的内容基本上教材里面都有，高考中的实验试题不过是由课本中基础实验的内容综合而成的。因此，要想学好物理，就要紧紧抓住实验这个重点。实验是物理的基础之一，只要基础打好了，平时做题注意仔细思考，注意锻炼综合实验的能力，就能在考试中获得成功。

我在高三复习时得到一本很好的物理参考书，书的后面几乎把所有的物理实验都列举出来了，也列出了所有的实验器材，详细地介绍了常见器材的用法等。然后，按章节对课本实验做了说明，讲述实验的过程以及每个实验里面可能出现的问题。仔细研读参考书上的这些内容就相当于将实验知识复习了一遍。

如果没有类似的书也不要紧，可以自己动手把课本上有关实验的内容梳理出来，做成一个系统的基础实验复习材料，自己做应该还更有效一些。”

北京大学物理学学生、高考物理满分的蔡明说：“复习完后，并不是大功告成，你现在只是知道了物理定律，但它在具体情况下如何运用，运用时有何技巧，你可能并不知道或不熟悉。还有，任何一个物理定律都有它的适用范围。超过这个范围，该定律可能就不成立了，就要用更精确的理论来代替它。这些都要通过做题来训练和巩固，在做题中积累经验，熟才能生巧。我并不主张搞题海战术，而是应当少而精，多做几种不同类型的题。每次做题前要先认真审题，分清题型，总结出适合于某类题型的通法，做到举一反三，触类旁通。”

这里，我们了解到实验和做题对物理学习的重要性。有人说，要取得优异的学习成绩，关键在于有一个行之有效的学习方法。的确，对于物理学习来说，实验和做题，只有做到两者兼顾，一个都不落，才能真正掌握知识。

具体来说，我们需要这样做：

1.实验

实验题一直是考试的重点，为此，我们必须要牢牢掌握课本上的基础实验，实验的复习应该是这样的：考纲中规定的实验是基础，首先要跟着老师把实验一块块地复习好，注意实验的基本原理，实验的器材、步骤等。考试中有一部分实验题会把考纲中规定的实验作很简单的修改。另外，在复习备考的最后阶段，还应该拿出一段时间来复习实验。在这个阶段，要注意实验的灵活化，要拓展开，包括改变实验的条件，把某几个实验组合起来，实验的开发，有些实验必须动手做。

从目前来看，电学实验是考察的重点。说这个是重点有两层意思：第一是命题，从考试命题的角度，10次实验题命题有7次是电学实验，有占到60%以上的年份；第二层意思是这部分实验出题能比较灵活，也便于出题人控制题目难度。

2.做题

上新课的时候老师会举一些例题，这些例题及其解答方法都是很具有代表性的，最好能记下。还有一些习题书的例题也是比较经典的。做题前

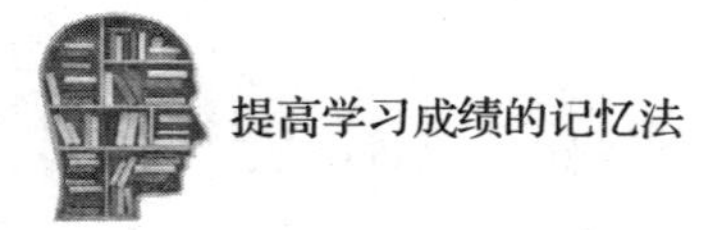

先看看例题一定受益匪浅。

归纳是学物理很重要的一点。物理解题方法有很多，每个定理也都有各自应用的范围和方式，归纳可以让我们做题目时不会束手无策或者盲目使用一些不该用的定理，能让我们在短时间内找到方向。

平时要多做题，但不是盲目的题海战术，而是需要挑些经典题目训练自己，直到最后能构建出物理框架，在看到题目时条件反射似的就知道用什么方法。能否构建出物理框架是能否取得好的物理成绩的关键。

抓解答题的同时，我们也要抓选择题，物理的选择题是多项选择，这些题要求我们记住定理和概念，因为这些选择题中经常会有一些模棱两可的选择，有没有真正理解定理和概念就会在这些题目中体现，也直接影响到考试成绩。

当然，除了做课本上的题目之外，你还应当看一些课外参考书，它们对加深对物理定律的理解熟练运用是大有裨益的。还有，在成绩不佳时，想想自己的学习方法是否有问题，多和成绩好的同学交流，这是改善自己学习方法的很好的途径。

第11章

保护你的大脑，要从好的生活习惯开始

对于大多数学生来说，在学习中“记不住”大概是令他们最为头疼的问题了。前面，我们已经分析过，好的记忆力并非天生，主要靠后天的训练，此外，我们还需要保护大脑，这也是提升记忆力的前提。为此，每个学生都应该开始注意起来，要杜绝不良生活习惯，科学用脑。

对记忆力有负面影响的几个坏习惯

随着年龄的增长，出现记忆力下降的现象是很正常的。常听到老年人感叹："年纪大了，记不住东西了"。然而，我们发现的是，现在越来越多的年轻人，甚至很多学生也感到脑子不够用，做事情丢三落四。事实上，出现记忆力下降的情况，和一些生活中不知不觉养成的损害大脑的不良习惯有着密切的关系。

那么，这些不良习惯有哪些呢？接下来我们一一列举：

1.睡眠不足

现代社会，无论是学生还是职场人士，生活节奏普遍很快，睡眠不足是普遍存在的情况。然而，长期睡眠不足不仅会影响身体健康，导致免疫力下降，还会导致记忆力下降。

曾有科研人员把24名大学生分成两组，先让他们进行测验，这时，两组测验成绩一样，然后让一组学生一夜不睡，另一组正常睡眠再进行测验，结果没有睡觉的学生的测验成绩大大低于正常睡觉的学生的成绩。

事实上，很多研究表明，睡眠不足的人无论是认知能力、语言能力、创造能力还是制订计划的能力都会降低，而造成这一状况的原因可能是大脑前额叶皮层活动降低。另外，长期睡眠不足或质量太差，还会导致大脑脑细胞的加速衰退，导致记忆力下降，甚至会让人变得糊涂起来。

然而，睡眠也不是越多越好，睡眠过多同样也会对人的记忆力造成损伤。专家认为，如果每天睡眠时间超过9个小时，人就容易出现记忆衰退的现象，白天学习和工作会注意力不集中。

2.抽烟喝酒

长期喝酒和烟龄较长的人的脑部血液供应会出现不通畅的情况，这会导致脑细胞萎缩，更有甚者会出现记忆力下降且痴呆的症状。

酗酒的脑萎缩更为严重，研究发现，那些长期酗酒的中年的人记忆力至少比不酗酒的人衰退6年，因此，不可酗酒。

另外，在一项记忆测试中，研究者发现，吸烟的人记忆力更差，这是因为吸烟不仅会产生有毒气体，还会影响氧气的摄入，进而导致缺氧。大脑长期缺氧会损伤记忆。

3.过分依赖电子产品

在现代社会，电子产品早已成为我们的必备产品，电子产品种类有很多，比如电视、电脑、手机和平板等。

如果过分依赖电子产品，我们的大脑就会习惯依靠搜索而不是思考来获得答案，负责大脑记忆的功能区域会变得越来越懒，逐渐衰退；这个功能区域长期处于懈怠状态，人就会出现精神难集中、记忆力下降和丢三落四等情况。

另外，专家称，电子产品在使用时会产生或多或少的辐射，进而影响人的记忆和逻辑思维，严重的可导致学习能力的减退、丧失，甚至精神疾病等。

4.长期饮食不当

吃什么对于大脑的衰老和神经退行性疾病的发生是有影响的。长期饮食不当，比如吃太多甜食、油炸食物或者吃太饱，都会加速与年龄相关的认知能力的下降，并增加神经退行性疾病发生的风险。

5.缺少运动

我们都知道，在人的大脑中，负责人体的执行功能和存储记忆力的部分是前额叶和海马体。久坐不动的人，这两个部分的功能会受到影响。

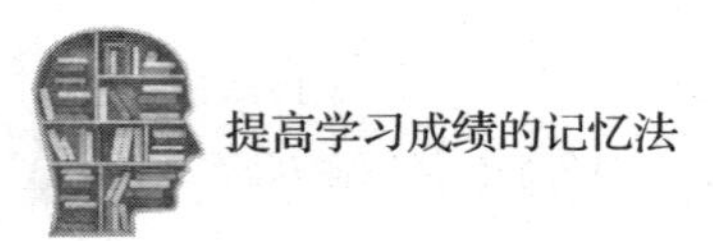

研究发现，爱运动的人的大脑能吸收更多的氧气，得到更多的滋养；这能促进大脑神经元的再次形成，据报道经常锻炼能让成年人的海马体容量增加2%。运动能平衡大脑中的化学物质，促进神经细胞之间的连接，进而提高思维活动能力。

相反，久坐不动的人，患痴呆的几率会较高。研究表明，适当的有氧运动不仅对人的短期记忆有影响，对长期记忆的影响也非常显著。

6.经常独处，没有爱好，不愿动脑

人在快乐时，记忆力和思维活动会更好，而快乐这种情绪，能在交流和沟通中获得。研究人员经过调查发现，那些在轻松和谐的家庭氛围中生活的老人，记忆力下降的速度普遍慢于那些独处的老人及家庭生活中缺乏乐趣的老人。和人交谈时必需的反应和有逻辑条理的对答，有维持，锻炼和促进大脑功能的作用。

不过，一些人性格内向，就是喜欢独处，这无可非议，独处并不等于孤独。但独处时保持或发展个人爱好至关重要。思考是锻炼大脑的最佳方法。不愿动脑的结果只会加快脑力的退化，让聪明人也变得迟钝。

7.长期在高压下工作或在抑郁环境中生活

适度的压力可以促进记忆力，但压力过大则会伤害记忆力。研究表明，压力促使肾上腺分泌皮质醇，而皮质醇水平过高，大脑则会有危险。

皮质醇水平增高后，大脑受到的最为典型的影响就是海马体萎缩，甚至神经细胞死亡。海马体对于情景记忆、空间记忆和关联记忆十分重要，海马体由于有大量皮质醇受体，非常容易受到皮质醇水平增高的影响。

人在压抑的环境中，容易产生过重的心理压力，如果长期如此而不能被疏解的话，必将导致抑郁症的发生。抑郁症对人的影响是深远的，尤其是在记忆力上。抑郁症患者的脑细胞处于一种近乎停滞的状态，以致大脑的各种功能都会下降，不仅使抑郁症患者反应迟钝，还会使其记忆力下降，甚至暂时性失忆。

以上这些不良习惯你有没有呢？如果有，为了自己的身体健康以及拥有良好的记忆力，就要下决心慢慢调整和改掉这些坏习惯。

睡眠充足，才能保证记忆力好

长期忙碌而紧张的生活让很多学生感到被压得喘不过气来，甚至出现记忆力差、学习成绩下降的情况，对此，大家都在极力寻找一种有效的减压方法。其实，保护记忆力的最佳方法之一就是充足的睡眠。

人为什么要睡觉？睡觉是人体休息的一种方式，也是一种生理反应。几乎每个人，在忙碌了一天后，都需要睡上一觉。可以说，没有人一辈子不睡觉。白天，我们的大脑是兴奋的，但忙碌太久后，大脑皮质内神经细胞就会产生抑制的作用，如果这种作用占优势的话，我们也就想睡觉了。这一抑制作用是有意义的，是为了保护神经细胞和大脑，让我们第二天有精力继续工作。可以说，当人们累了的时候，睡觉是最好的休息方式，能使大脑受益。

德国卢比克大学的Jan Born和他的同事们进行了一项研究，实验对象有106人。在实验中，参与者需要将一系列繁杂的数字通过等式转化为另外一种形式，而他们并不知道其中隐藏了一些计算诀窍，而在经过良好的睡眠后，参与者发现这种诀窍的几率从23%提高到了59%。因此睡眠是非常重要的。

另外，人的记忆力好坏与睡眠时间长短有着密切的关系，如果没有进入深度睡眠或者深度睡眠时间不足，人的记忆力会差很多。荷兰神经科学研究所的伊斯布兰德·范德韦夫及同事证明了这一点。他们找来了13名女性研究对象，她们身体健康，且平均年龄在52~68岁之间，研究者让这些实验参与者在入睡前看一些图片，并对其中一半人的睡眠进行监测。当实验参与者的脑电波显示她们已进入沉睡状态时，研究者用设备向这些参与者发出一些细微的声音，音量的大小足以对参与者的睡眠造成干扰但并不足以吵醒她们。

第二天，实验参与者会继续看一些图片，并被问及第一天是否看过这样的图片，在这个过程中，研究人员会记录实验参与者的大脑活跃程度。结果显示，虽然两组测试者的睡眠时间相同，但是深度睡眠不足者明显记忆力不如深度睡眠充足者。

范德韦夫及同事认为造成这种情况的原因是人脑内部的海马体的活动减少，而海马体的作用就是将短期记忆变成长期记忆。

研究证明，与经常熬夜的人相比，早睡早起的人精神压力较小，其精神健康程度较高。科学睡眠时间是22点~22点30分，半小时或一小时进入深度睡眠，而保证在午夜到凌晨3点处于深度睡眠状态很重要，这样才能保证第二天工作时精神百倍。

对于学生来说，尤其是即将面临升学考试的学生，可能会经常熬夜甚至深夜时无法进入梦乡。对此，教育专家建议我们，疲劳战术不可取，找到自己的睡眠周期，合理安排自己的休息、学习时间至关重要。

那么，多久的睡眠才是充足的呢？这一点因人而异，并不是所有人都要睡够我们经常所说的8小时，因为每个人的睡眠周期不同。

人们正常的睡眠周期有两个时相：非快速眼动睡眠期和快速眼动睡眠期。它们交替出现，交替一次称为一个睡眠周期，循环往复，每夜通常有4~5个睡眠周期，每个周期90~110分钟。

睡眠存在一个生物节律，即大约在90~100分钟的时间内经历一个有五个不同阶段的周期，国际睡眠医学认为这五个睡眠阶段包括：入睡期、浅睡期、熟睡期、深睡期、快速动眼期。

睡眠在相当大的程度上是一种习惯，因而保持良好的睡眠习惯，遵循睡眠的自然规律，是预防睡眠障碍的最好办法。此外，还须了解失眠的可能原因，消除影响睡眠的因素，自我调节和改善不良的情绪。

以下是教育专家为大家提出的几点提高睡眠质量的建议：

1.平常而自然的心态

出现失眠不必过分担心，越是紧张，越是想要强行入睡，就越难以入睡。有些人对连续多天出现失眠的情况更是紧张不安，认为这样下去大脑得不到休息，不是短寿，也会生病。这类担心所致的过分焦虑，对睡眠本身及其健康的危害更大。

2.寻求并消除失眠的原因，消除失眠

造成失眠的因素颇多，前已提及，只要稍加注意，不难发现。找到原因，对症下药，则可消除失眠。对因疾病引起的失眠症状，要及时求医。不能认为：失眠不过是小问题，算不上病而延误治疗。

3.身心松弛，有益睡眠

睡前到户外散一会儿步，放松一下精神，上床前或沐浴，或热水泡脚，对顺利入眠有百利而无一害。诱导人体进入睡眠状态，有许多具体方法。

4.坚持体育锻炼

适度的体育锻炼能在人清醒时给人提供更多的动力，也能让人的睡眠质量更好。关键是要量力而为，如果运动过度，就有可能需要较平时更多的睡眠周期来恢复体力了。

不吃早餐记忆力会下降

不少学生都有不吃早餐的习惯，一些学生早上起床晚，无暇顾及早

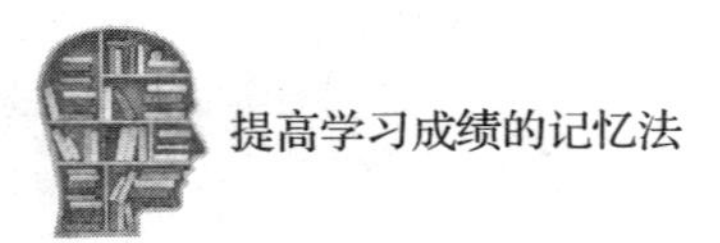

饭，还有一些学生为了减肥，认为不吃早饭能减少热量摄入，进而减轻体重。其实他们不知道的是，早餐是我们一天当中最重要的一顿饭，早餐吃不好，不仅影响身体健康，更会导致我们的记忆力下降。

经过一夜睡眠，人体内储存的葡萄糖消耗殆尽。不吃早餐，持续缺少能量的大脑就会启动自我休眠状态，减少活动，因而使人思维活动减慢，条件反射时间延长，记忆力低下。严重时人还会感到头昏脑胀，思维混乱，反应迟钝，甚至发生低血糖休克。而在不吃早饭的人群当中，青少年占很大比例。专家指出，青少年不吃早餐，会影响正常的生长发育和智力发育。专家对9~11岁的健康儿童进行测试，发现吃早餐的儿童反应能力较好，数学成绩也好于没吃早餐的儿童。瑞典一专家在瑞典小学生中进行的研究表明，早餐能量摄入充足的学生其身体耐力、创造力、数字核对等的表现均优于能量摄入不足的学生，这说明不吃早餐可能影响儿童的认知能力和学习成绩。

早餐作为一天的第一餐，对膳食营养摄入、健康状况和工作或学习效率至关重要。这是因为，早餐距离前一正餐（即晚餐）的时间最长，一般在12小时以上，人在早上醒来后，体内储存的糖原已消耗殆尽，当血糖浓度低于正常值时，人会有饥饿感，大脑的兴奋性随之降低，反应迟钝，注意力不能集中，影响工作或学习效率。

营养专家认为，儿童青少年时期是生长发育的重要阶段，也是行为习惯、生活方式形成的关键时期。良好的饮食习惯对其身体、智力发育和健康起着至关重要的作用。

而不吃早餐，会有以下坏处：

1.让人反应迟钝

早饭是大脑活动的能量之源，如果没有进食早餐，体内无法供应足够血糖以供消耗，人便会感到倦怠、疲劳、脑力无法集中、精神不振、反应迟钝。

2.慢性病可能“上”身

不吃早餐，饥肠辘辘地开始一天的工作，身体为了取得动力，会动用甲状腺、副甲状腺、脑下垂体之类的腺体，这除了造成腺体亢进外，更会使得体质变差，使人患上慢性病。

3.肠胃可能要“造反”

不吃早餐，直到中午才进食，胃长时间处于饥饿状态，会分泌过多胃酸，容易造成胃炎、胃溃疡。

4.便秘“出笼”

在三餐定时情况下，人体内会自然产生胃结肠反射现象，简单说就是促进排便；若不吃早餐成习惯，造成胃结肠反射作用可能失调，于是产生便秘。

5.会让你更靠近肥胖族

人体一旦意识到营养匮乏，首先消耗的是碳水化合物和蛋白质，最后消耗的才是脂肪，所以不要以为不吃早饭会有助于脂肪的消耗。相反，不吃早饭，还会使午饭和晚饭吃得更多，瘦身不成反而更胖。

营养学家们证实，早餐中摄入的物质是每个人一天中最不容易转变成脂肪的。如果每天不吃早餐只会在午餐时吃得更多。所以早餐很重要，早餐、午餐和晚餐的食物摄入量的比例最好是3：2：1，这样子就能让你把所吃的精华在一天内体力最旺盛的时间内消耗。

专家们发现，在智力水平相差无几的情况下，吃早餐的学生的记忆力明显高于不吃或少吃早餐者。这是因为不吃早餐的人，大脑会因营养和能量不足，不能正常发育和运作，久之就会妨害记忆力和智力的发展。

因此，不吃早饭是一种非常不好的饮食习惯。研究表明，不吃早餐导致的能量和营养素摄入的不足很难从午餐和晚餐中得到充分补充，所以每天都应该吃早餐，并且要吃好早餐，以保证摄入充足的能量和营养素。一顿质量好的早餐，可以供给人体和大脑一天所需要的能量和营养素，使人精力充沛，思维活跃，工作和学习效率提高，记忆力增强。那么，该如何吃好早餐呢?

早餐的内容应该包括谷类、高蛋白类和果蔬菜三大类食物，在每一类食物中选一二种，就能搭配出高质量的早餐了。从能量要求看，成年人早餐的能量应为700千卡左右，谷类质量为100克左右，可以选择馒头、面包、麦片、面条、豆包、粥等；适量的含优质蛋白质的食物，如牛奶、鸡蛋和大豆制品；再有100克的新鲜蔬菜和100克的新鲜水果就完美了。相反，有人喜欢以油饼、油条、桃酥等高油食物为早餐主食，搭配点咸菜、酱菜等，这样的早餐缺少高蛋白食物和新鲜果蔬，营养单一，而且油炸食品和腌制小菜都对身体没有好处，还是少吃为宜。

吸烟酗酒最伤大脑

不知道你是否有这样的体验：当身体健康状况不佳的时候，你会觉得连脑子都不好使了。《分子精神病学》杂志上曾有一项新研究表明，与工作记忆有关的大脑神经网络在人身体健康状况良好时，会表现得更好，而身体状况不佳或吸烟酗酒，都会影响工作记忆系统的表现。也就是说，要想保护好我们的大脑，拥有良好的记忆力，就要杜绝不良生活习惯，其中就包括抽烟酗酒。这一点，对于处于身体生长期的青少年学生尤为重要。我们来看看下面的案例：

东东今年十五岁，刚上初三，但是他的爸爸却急得如热锅上的蚂蚁，原来，东东开始学会抽烟了。

“我第一次发现他抽烟，是半年前的事了，那天，我发现，我买了一包烟，放在客厅的茶几上，还没抽几根，就没有了。后来，我在东东的房间发现了烟头，才知道，这小子居然偷偷开始抽烟了。青春期是长身体的时候，大脑在此时也还处于发展阶段，我知道抽烟对孩子身体有很大的伤害，尤其是记忆力，为此，我找了个机会和儿子沟通了一下，幸亏儿子烟瘾不大，而且愿意接纳我的意见，后来，他再也没抽过了。”

有不少青少年小小年纪就学会抽烟喝酒，但他们并没有认识到抽烟喝酒对身体尤其是对记忆力的危害。

专家表明，吸烟影响人的记忆力。许多人吸烟后都发现自己的记忆力有所下降，如果戒烟，记忆力就可以得到一定程度的恢复。英国研究人员对一些志愿者进行了记忆测试，这些志愿者包括吸烟者、戒烟者和从不吸烟者。他们被要求在校园中的一些指定地点完成预先交代的一系列任务。

结果显示，吸烟者的记忆力表现最差，平均只能记起59%的任务内容；而从不吸烟的群体表现最好，平均能记起81%的任务内容；那些已经戒烟者也有较好的表现，平均能记起74%的任务内容。

可能你会问：“我现在已经对烟酒有了一定的依赖，如何戒掉呢？”

第一，戒烟。

我们都知道，香烟中的尼古丁是危害人类健康、引发癌变的一种有害物质。它也是一种能很快让人上瘾的物质，人上瘾后想要戒掉它也不容易，但从现在起，如果你能做到以下几点，那么，你在3~4个月内就可以成功戒烟。

1.扔掉与烟相关的物品

将你曾经用过的打火机、烟灰缸以及现在正在抽的香烟都扔掉。

2.餐后多喝水

餐后喝水，摆脱饭后一支烟的想法。多喝水能帮助你排出体内的尼古丁，你对它的渴望也就会消减很多。

3.推迟烟瘾

烟瘾，其实往往就是那几分钟的功夫，只要熬过去就好了，你可以尝试做深呼吸，这个动作类似吸烟，可以使你松弛些。

4.坚决拒绝香烟的引诱

经常提醒自己：再吸一支烟就会令戒烟的计划前功尽弃。

5.寻求帮助

你可以让你的朋友监督你，当你想抽烟时，让他提醒你不要放弃，而当自己成功戒烟一段时间后，可以让他们给你买个礼物。

6.避开吸烟环境

这点很重要，当你的朋友抽烟时，你最好离开现场，等他抽完再进行谈话，以免控制不住自己；尽可能多去禁烟场合，如电影院、博物馆、图书馆、百货商店等。

7.吃低热食物

可以多吃些新鲜水果、蔬菜，也可以嚼一下口香糖；咖啡和酒类饮料会诱发烟瘾，均应避之。

8.加强锻炼

选择任何体育活动均可，即使如饭后散步这样强度不大的活动也会帮助你消除紧张感，把思想从吸烟上转移并集中于其他事情上。

9.奖赏自己

将过去用于买烟的钱存起来，几个月后给自己买一份别致的礼品或一件漂亮的衣服，你会感觉到这更有价值和意义。

但应记住：以上措施可能会对你戒除烟瘾有一定帮助，但真正要戒掉烟还是要靠你自己的决心和毅力。

第二，戒酒。

曾经有人对酒做了一下经典的总结：“酒，装在瓶里像水，喝到肚里闹鬼，说起话来走嘴，走起路来闪腿，半夜起来找水，早上起来后悔，中午酒杯一端还是挺美。”这句话也真实地展现了酒精依赖者的心态。本来，适量饮酒，可以暂时减轻人的疲劳，使人暂时忘却烦恼，令人心情舒畅，增加社交活动和节日中的欢聚喜庆气氛。但是，过量饮酒，以至饮酒成瘾，不仅危及自己的健康和家庭的幸福，对社会也会造成种种危害。要彻底戒除酒瘾，关键是当事人必须真正认识到过量饮酒的危害性，决心戒酒。

对此，苏轼曾写诗戒酒：“明月几时有？把酒问青天”，这是苏轼对酒的最深切的感悟，他平日里就爱喝点小酒，但他的体质却很不适合这种物质。被贬黄州期间，他曾发病，两眼通红，右眼几乎失明；再贬至惠州时，仍以酒为伴，又诱发痔疮，卧床两个月；三贬海南时，酒热又在不良情绪中导致痔疮，并热毒及脏，用药不灵。幸亏有懂得养生之道的胞弟苏辙赶来看望，耐心劝慰，还特地为他朗读陶渊明《止酒》一诗，恳劝其从此戒酒。感动中的苏轼，立马写下《和陶止酒》一诗。诗中云“从今东坡室，不立杜康祀。”自此，苏轼除留下一个荷叶杯作纪念外，其余积存多年的酒具，通通卖掉。

青少年朋友，如果你想保护自己的大脑、避免记忆力受到损伤，就要远离烟酒，当然，如果你是个对烟酒有依赖心理的人，那么，你必须要有坚强的毅力戒除它。

健康饮食，别让这些食物伤害你的大脑

学生处于身心发展的关键时期，对于能量的需求很大，学习压力加大，营养也要跟上，但无节制地饮食会对我们的身心产生巨大的危害：摄

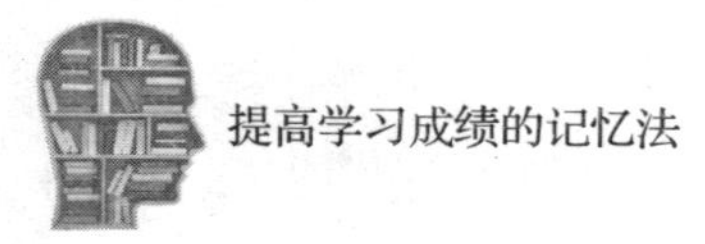

入食物太多，会导致肥胖、高血压、高血脂等一系列身体问题的出现，某些食物摄入过多更会影响青少年的记忆，进而造成学习效率的下降。那么，这些食物有哪些呢？

1.油炸等反式脂肪酸含量高的食物

反式脂肪酸又称反式脂肪或逆态脂肪酸，是一种不饱和人造植物油脂，生活中常见的人造奶油、人造黄油都属于反式脂肪酸。制造反式脂肪酸的“氢化处理”过程可以防止分子被氧化，使液体油脂变成适合特殊用途的半固体油脂并拥有更长的保质期。据健康专家介绍，在人们经常吃的饼干、薄脆饼、油酥饼、巧克力、色拉酱、炸薯条、炸面包圈、奶油蛋糕、大薄煎饼、马铃薯片、油炸干吃面等食物中，均含有不等量的反式脂肪酸。

反式脂肪酸在天然食物中的含量几乎为零，是一种完全由人类制造出来的食品添加剂，它很难被人体接受、消化，容易导致生理功能出现多重障碍，是人类健康的“杀手”。

研究认为，青壮年时期饮食习惯不好的人，老年时患阿尔兹海默症（老年痴呆症）的可能性更大。反式脂肪酸对可以促进人类记忆力的一种胆固醇具有抑制作用。

2.甜食

甜食是很多人都喜爱的，更有甚者把甜品当主食吃，而不吃饭，但是不吃饭，体内的营养就会跟不上，甜品虽好吃但是营养价值真的非常低，影响大脑发育是显而易见的，所以再喜欢吃甜品也不可吃太多。

3.含咖啡因的食物

一些人喜欢吃巧克力、咖啡这类食物，这类食物中都含有一种叫咖啡因的物质，这种物质对大脑有刺激作用，会减少身体向大脑运送的血液，这就会阻碍大脑的发育，从而导致记忆力低下。所以千万不要吃太多含有咖啡因的食物。

4.味精

专家建议，无论是青少年还是成人，每人每日摄入味精量不应超过6克，摄入过多会使血液中谷氨酸的含量升高，限制人体利用钙和镁，而引起短期的头痛、心慌、恶心等症状，对人体的生殖系统也有不良影响。

5.加糖鲜榨橙汁

加了糖的橙汁比汽水的热量还要高，糖分也比汽水多。因此，青少年朋友最好吃原水果，这比喝饮料更健康，也更能保护自己的大脑。

6.松花蛋、爆米花等含铅食物

松花蛋含有一定量的铅，常食会引起人体铅中毒。铅中毒时的表现为失眠、贫血、好动、智力减退等。含铅食物中的铅进入人体后能取代其他矿物质，如铁、钙、锌在神经系统中的活动地位，因此，是脑细胞的一大杀手。

含铅食物主要有爆米花、松花蛋等。需要注意的是，无铅松花蛋的铅含量并非为零，只是低于相应的国家标准，同样不宜大量食用。

当然，有降低记忆力的食物，就有提高记忆力的食物，那么，提高记忆力食物有哪些？下面就来介绍一些能提高记忆力的食物：

1.南瓜

中医认为，南瓜性味甘平，有清心健脑的功效。因此，神经衰弱患者经常食用一些南瓜可以缓解头晕、心烦、记忆力减退等症状。

2.海带

研究表明，海带中含有丰富的亚油酸、卵磷脂以及磺类物质等大脑必需的营养成分，拥有很强的健脑功能，能增强记忆力。

3.葵花子

葵花子中含有丰富的维生素E和维生素B群，不仅能够提高机体免疫力、防止细胞衰老，还能够调节脑细胞代谢和改善其抑制机能，从而起到镇定情绪、缓解失眠、增强记忆力的作用。

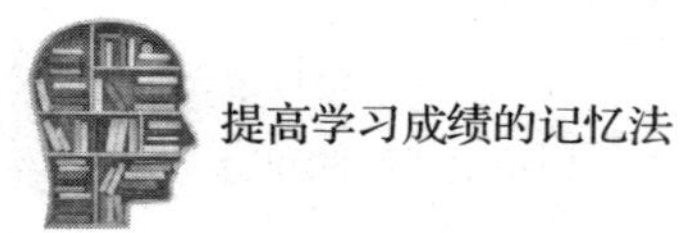

4.核桃仁

核桃仁是最常见的一种补脑健脑食品，因其含丰富的不饱和脂肪酸、蛋白质以及维生素等成分，可补脑健脑，提高脑细胞活性，提高思维能力。因此每天适当吃一些核桃仁，可消除大脑疲劳，使大脑功能恢复正常，从而增强记忆力。

5.胡萝卜

胡萝卜中所含的蛋白质、氨基酸和胡萝卜素，能够加快大脑的新陈代谢，预防和消除大脑疲劳，增强记忆力。

6.大豆+沙丁鱼

大豆中所含的谷酰氨和卵磷脂以及沙丁鱼中所含的牛黄苏都是大脑必需的重要营养物质，因此，将这两种食物搭配食用具有很好的增强记忆力、延缓脑细胞衰老的作用。

7.氨基酸饮料

提高记忆力型氨基酸饮料含有人体供能和调节机体精神所需要的能量型氨基酸，经常饮用能使我们的记忆力明显提高，注意力集中，思维敏捷。这种饮料含有八种必需氨基酸，能提高免疫力，有效减轻外界压力对机体及精神造成的影响。

本节介绍了对我们记忆伤害最大的六种食物，以及保护我们大脑的七种食物。另外，腌制类食物、含有明矾的食物等也应该少吃或不吃，平常的饮食中，荤素搭配、口味清淡才是最好的！

测一测你现在的记忆力

生活中很多方面都要用到记忆力，小到出门记得带钥匙，大到工作中的事情顺利完成。而忘记电话号码和公交车路线，在路上偶遇熟人想不起他的姓名，经常丢失钱包、眼镜、钥匙……这些都是记忆力差的表现。对于学生而言，记忆力的好坏直接影响到学习的成效。那么，想知道你的记忆力有多强吗？一起来做个测试吧。

用“是”或“否”回答下列问题。

（1）你是否在干某件事的同时，能听到周围的人在谈论点什么？

（2）你的朋友和熟人是否经常捉弄你？

（3）你是否经常由于粗心大意而失算？

（4）当你穿过马路时是否仔细观察四周？

（5）你是否在马路上捡到过钥匙或钱之类的东西？

（6）你是否能回忆起两天前看过的电影的细节？

（7）当有人不让你继续读书报、看电视或做其他事情的时候，你是否生气？

（8）你在家里是否能很快找到需要的东西？

（9）在马路上突然有人喊叫，你是否会哆嗦一下？

（10）在商场购物，你是否在收款台旁就检查找回的零钱？

（11）你是否有过这样的事：把一人当成另一人？

（12）你是否因专心谈话而坐过了站？

（13）你是否能在大城市里，不靠别人的帮助，就找到仅去过一次的地方，如博物馆、剧院、办公楼或超市。

（14）你早晨是否很容易就醒过来？

（15）你是否能流畅地说出你亲人的生日？

算分方法：

在这些题目中，回答“是”得1分，回答“否”得0分：1、2、4、5、6、8、10、13、14、15。

在这些题目中，回答“否”得1分，回答“是”得0分：3、7、9、

11、12。

如果你的累计得分有11分或更多，就说明你是个非常仔细的人。你的记忆力和注意力让人羡慕。当然，不排除你是经过努力才有如此好的结果的。

最新的科学研究表明，人是通过海马体来记忆的，通过有针对的训练可以提高海马体的活跃程度，从根本上增强记忆力。

记忆专家总结出了以下几点提高记忆力的具体方法：

一、唤醒身体

（1）吃饭的时候闭上眼睛（练习大脑对气味的感应能力）。

（2）用手指分辨硬币或是麻将（主要练习触觉）。

（3）戴着耳机上下楼梯。

（4）大声朗读，与疯狂英语的做法类似。

二、进行脑刺激

（1）下馆子吃饭时点没吃过的菜。

（2）散步、逛街的时候专门绕远路行走（在时间允许的情况下尝试，记着不要去偏僻的地方，毕竟安全还是第一位的）。

（3）用左手端茶杯。

（4）保证每天睡眠不低于6个小时（睡觉时间不能晚于23点，这是有科学依据的，考虑到身体机能、器官排毒等原因）。

三、积极锻炼左右脑

（1）给自己安排时间进行一次短途旅游。

（2）不太重要的事情，如买衣服、鞋子等，交由直觉来决定。

（3）没事练习一下一只手画圈，一只手画方块，待到熟练的时候可以给自己增加些难度，比如一只手画方块，一只手画椭圆或是五角星等。

四、补充大脑营养

（1）适当吃些甜食。

（2）早餐必须要吃，决不能饿肚子。

（3）吃饭的时候多咀嚼。

五、运动

（1）每天慢跑20～30分钟。

（2）学会3～5个手指类的硬币魔术，如果觉得难，可以学习一下手指方面的运动，主要是练习手指的灵活性。

六、激发大脑灵感

（1）回忆一下以前让自己有成就感的事并把它记录下来。

（2）在电脑桌面设“你能行”、“你肯定行”一类的激励标语（主要是心理暗示作用）。

（3）每天找一些经典的段子或是自己感兴趣的东西背一背。

（4）把自己喜欢的事物都记录下来，放在随时都能翻到的地方.。

第12章

学习不只是要记得住，更要掌握方法

在前面章节，我们强调了记忆对于学习的重要性，任何一个学习环节都离不开记忆。但要想学习好，并不是只要记得住就行了，还要有理解知识和运用知识的能力，更要有主动学习的热情，态度和方法和结合起来，才能高效地学习，才能考出好成绩。

主动学习，学习是自己的事

对学习有热情，学习时就会心情好，心情好自然能记得牢。我们要想获得学习的热情和好心情，首先就要摆正自己的学习动机。唯有认识到学习是自己的事，才会自动自发地学习，提升记忆和学习的效率。

知识改变命运，我们学习是为了获取知识，让自己未来的人生路更平坦。然而，一些人并没有认识到这一问题，因而缺乏学习兴趣，没有兴趣自然没有动力，更别说提升学习中的记忆效率了。

英国哲学家培根说过：“习惯真是一种顽强而巨大的力量，它可以主宰人的一生。”我们任何一个人，都应该在学习中树立正确的心态，通过学习的过程培养一种良好的习惯。学习时，当我们明白自己为谁而学习，为什么而学习时，我们就会有一种向前的驱动力，就会觉得学习是一种乐趣，也就能克服学习中遇到的各种困难，学习积极性提高了，学习效率也就会提高。

哈佛大学前任校长劳伦斯·H萨默斯曾经在课堂上建议每一个学生每天都问自己一个问题：“我为什么要学习？”

表面上，这是一个很简单的问题，实则非常重要，因为一个人，只有具备良好的学习动机，才会有强烈的学习欲望。而相反，如果一个人没有良好的学习动机，不明白做事的目的，就很难产生强大的内驱力。

接下来，我们从这位家长口中了解一下他的孩子是如何自动自发地学习的：

“孩子一两岁的时候，尽管离认字还早，我们就买了一些图画书，跟他一起“读”书，讲述书中的故事给他听，让他领悟读书的乐趣。从他懂

事起，我们就常跟他说，无论家长在不在身边都要认真学习，学习不是为了家长，也不是为了老师，只有把学习当作自己的事情，才能把书读好。从小学开始，他就很自然地爱上了学习。他每天下午放学回家，第一桩事情，就是完成老师布置的作业。我们忙于自己的工作，从不盯着他做作业，也很少去检查、订正他的作业。他如果把作业做错了，会按照老师的要求自己订正，从不找我们家长‘耍赖’。记得那时候，小学生放暑假（寒假）前，还要带回家一册厚厚的暑假（寒假）作业。放假没有多少天，他三下五除二，就把它们统统给解决掉了，然后利用余下较长的假期，找课外书看或找小伙伴们玩。见他这样争气，我们也乐得省心，成了名副其实的‘懒’家长。在学习的舞台上，他是主角，我们做家长的是欣赏者、喝彩者，偶尔帮他跑跑龙套，做一些学习资料搜集等服务性工作。”

的确，作为学生，如果想获得好的学习成绩，就要自主、自觉地学习。任何人，只有把学习当作自己的事情，知道读书不是为了家长许诺的某种物质奖励，不是为了父母的面子，而是为了自己成长的需要时，才有一种内在的持续的动力。

如果一个人不明白自己为什么学习、为谁学习，那么，这个人就看不到学习的必要性，就永远也不会有学习的动力。如果我们不明白自己学习的动机，不明白读书的目的，就会把学习当成负担，把学习当成苦差事。

因此，我们任何一个人，要想提升学习和记忆效率，就要明确自己的学习目的强化自己的学习动机。只有明确了学习目的，我们才能从内心感觉到现在的学习是有意义的，对自己和别人都是很有价值的。这种感觉会不断强化，这时，别人都能感觉到我们是很有热情的，逐渐愿意加强与我们的接触，支持我们所做的事情，别人的这些举动会进一步燃点，我们心中的热情。

有了这样的心态，即使在学习的过程中遇到了很大的压力，让我们喘不过气，也可以在选择适当的方式发泄一下后迅速回到高效学习的状态中。如果不爱学习，一定要尽快调整自己的心态，自己的未来在自己的手中，谁也不能替你去主宰。未来，就在眼前，需要努力加油！

对此，你需要做到以下几点：

1.变“要我学”为“我要学”

激发深层次的学习动力，即进一步激发对高层次的求知、创造和审美的需要。把学习当作自己高层次需要的满足，当作自己生命中不可缺少的部分，这个时候你的潜能就能被激发达到最高水平。

因此，你需要树立远大的理想和明确的学习目标，理想的层次愈高远，目标愈明确，学习动力就愈强劲愈持久。

2.变“苦学”为“乐学”

培养学习的兴趣，明确学习本身的价值以及学习对自身今后发展的作用。在成功的体验中获得学习的乐趣。

3.变“学会”为“会学”

一是要认真研究学习方法，培养自学能力。二是要认真听取老师的指导，不断探索适合自身的学习方法。三是要取长补短，积极主动地和其他同学进行学习方法的交流。

总之一句话，没有学习动力，我们的学习效率就会大打折扣。只有拥有强大的学习动力，在良好的学习环境和氛围下，我们才能轻松、高效地学习，提升记忆效率。

锻炼观察力，观察是记忆的开始

无疑，观察力是很重要的能力。有些人可能长着一双美丽的大眼睛，但美丽纷繁的世界却并没有留在他的脑海中。这是为什么呢？观察力不强。

观察是记忆的开始，也是记忆的基础，如果一个人的观察能力不强或不准，那么他的记忆能力也是比较弱的。

一个人的观察力如何，直接关系到他的一生。因为观察是我们获取信息和资料的重要途径。不会观察者，不可能拥有杰出的智慧，也不可能成就非凡的事业。所以观察力很重要。每一个人，都应该学做生活的有心人，在生活中有意识地提高自己的观察力。

首先，要确立观察的目的。观察记忆法的第一步是要把观察看作一种有目的、有计划、有步骤和有成果的知觉行动。观察是通过眼睛看、耳朵听、鼻子嗅、嘴巴尝、手摸等去有目的地认识周围事物的心理过程。在这个过程中越认真，越仔细，越全面，记忆效果就越好。

明确观察目的，包含两层意思：第一层是认识到观察力的重要性，认清观察对自身发展的好处；第二层是在观察事物前，要有明确的目的，即观察什么，为什么观察。

比如，在家中，你为了寻找艺术灵感，可以找出一件工艺品，观察其颜色、形状、大小、用途、特点等，你还可以边观察边用语言描述。

其次，观察力与一个人的认识水平、职业、性格都有关系，是长期磨炼的结果。欧洲文艺复兴时期，达·芬奇常常要求他的学生注意某一物体，然后闭上眼睛，慢慢地想它所有的细节，再重新看这一物体，并检查一下自己头脑中的表象有多少和原物相符合，有多少不符合。你走在马路上，也可把观察所得在内心说一遍，比如商店橱窗陈列物、街道走向及街名等。到公园里去，观察蝴蝶或蜻蜓的眼睛、嘴巴、翅膀，在心里描绘一番。

再次，让观察成为习惯。“处处留心皆学问”就揭示了观察是学习和记忆的基础这个道理。对若干年才出现一次的事物，要及时观察，特别是那些稍纵即逝的事物，不要失之交臂。

运用观察法的时候，要经常给自己提出新问题，克服主观臆想，并且要做好总结。总结的最好形式是观察笔记。达尔文乘“贝格尔号”考察船环球旅行，沿途记下了50多万字的珍贵资料；徐霞客遍游全国名山大川，经常露宿山野，坚持做好笔记，一天也不间断。如果你养成做观察笔记的习惯，那你的记忆力一定会大大提高。

最后，任何具备好观察力的人都不是一蹴而就的，观察力的提高需要长时间的训练。你在看书、读报、欣赏电视时，对精彩、重要的内容必须看准确、看仔细，并不是认真看看就行了，而是要开动脑子，把数目、形状、姓名、特征、结构和联想结合在一起。

观察记忆法的要点可归纳如下：观察和记忆同属智力的组成部分，二者相互联系、相互制约。观察是为了保证信息的有效输入，记忆是观察结果的储存和检验，观察力很差的人，记忆就成了问题。

良好的观察力能够让人很快掌握客观事物的基本特征，可以说是记忆的加速剂。认真的观察是正确记忆的可靠保证，“耳听为虚，眼见为实”，敏锐的观察所得来的信息比较可靠。但是观察不是轻而易举的事，仔细观察过的事物，才能在头脑中留下深刻的印象；首次观察，特别感到新奇，往往终生难忘；长期观察，会在头脑里不断深化对事物的认识。观察中加以认真的思考，理解了事物，就会长期不忘。

适度的压力，有助于提升记忆

一个有学问的人，首先应该是一个知识丰富的人。如果一个人脑袋空空，一问三不知，竟然还能成为一个有学问的人，这不是一个笑话吗？所以一个人要想成为有学问的人，或者有能力的人，头脑中就应该有渊博的知识，而这些知识是需要靠记忆的。

我们怎样才能提升自己的记忆力呢？提升记忆力的方法有很多种，影响记忆力的因素也有很多，其中就有压力。

压力能提升记忆力？确实能！我们在前面的章节中提到，长期持续的压力会破坏人的免疫系统，让人容易感染疾病；也会损害大脑功能，使人的数学和语言能力退化，对记忆力造成负面影响。当人面临巨大压力时，他就无法正常学习，长期的压力还可能会导致人“习得性无助”令人完全放弃希望，拒绝使用大脑，也不再试图解决问题，最终患上抑郁症。

但来自美国加州大学的综合生物学副教授丹妮拉·考费尔表示，在一定程度的压力下，人的警觉、行为和认知表现会达到比没有压力时更好的水平。这是有据可依的，布法罗大学的研究发现，在一定的短期压力下，人的学习能力和记忆力会有所提升，这是因为在压力之下，人体能产生一种激素，使传递信息的物质——谷氨酸盐的传播速度加快，从而增进记忆力。

因此，我们想记住一些内容，要有一定的压力和紧迫感。

在某学校，也有老师在两个班级里做过一个实验：

早读时间老师让两个班同时来背一篇课文，老师在其中一个班说：“大家背诵课文，十分钟后我来检查背诵的效果。”他在另一个班则只说：“大家背诵课文。”没有强调十分钟后来检查。结果十分钟后检查发现被告知要检查背诵效果的班的记忆效果明显比另一个班要好得多。

这个实验不得不让我们反思：为什么有没有被告知老师会检查，记忆的效果差这么多？这说明有一定的紧迫感，有适当的压力，记忆往往效果更好。

的确，没有压力就没有动力，压力可以让人更加有激情地做事。如果没有压力，我们永远不会想去做任何事情，我们也永远不知道自己还有这么大的潜力。适当的把自己拉得低一些，我们会反弹的更高。

还有个有趣的实验：

在一个班，老师让学生一边听着故事，一边做口算。在另外一个班，老师让学生先听故事，再做口算。这两个班需要完成的任务是一样的，既要追求口算的正确率，还要把这个故事复述下来。实验的结果是：第一个班口算的正确率很低，也没有几个学生能复述那个故事。而第二个班，口算的正确率很高，对故事的复述也比较准确。可见同时干两件事和分段干两件事，效果差很多。也就是说，同一个时间段应该比较集中地、比较单一地去干一件事。

然而，我们发现，很多人在学习和记忆时，养成了一心二用的坏习惯，比如，一边戴着耳机听音乐一边学习，或者一边看电视一边背单词，这样，即使这些人花再多时间，也难以把知识记牢。在前面，我们也已经提及，集中注意力是记住任何事情和知识材料的前提，因此，假如生活中你有用心不专、注意力不集中的习惯，你就必须改正，学习时就认真学习，可以自己适度施压。经过一段时间，你会发现，自己无论做什么事，都专注多了，而最重要的是，你的记忆效率也提高了很多。

学生快速记忆的六大方法

我们的几门功课的学习，无论是语文、数学，还是英语，都少不了“记忆”。在很大程度上，记忆水平的高低，直接影响到我们对知识的掌握程度以及学习成绩的高低。而记忆的方法，也是多种多样的，关键是看哪种记忆方式更适合自己。下面是几个能帮助我们攻克“记忆力”烦恼的实用简单的方法：

1.锁链法：环环相扣更有趣

锁链法，顾名思义，就是在事物之间找到一定的相关性，然后形成一个记忆的锁链，将这些事物联系在一起。

这个方法操作起来也很简单有趣，只需要我们开发自己的想象力。也许我们很多人在生活中已经不自觉地使用过这一方法了，当然，在进行了系统的训练后，效果会更好。

例如，在桌子上放了一根数据线和几粒葡萄，若用锁链法则可这么记忆：用数据线将葡萄串在一起。

使用这种方法，我们就开始打开了右脑记忆的大门，那些书本中的概念、公式，也将不会显得那么枯燥乏味。

2.串联法：头脑影院真神奇

相比于枯燥的文字，人们对图像的记忆更深刻。串联法是一种依托于图像和内心感觉的联想式记忆法，又被形象地称为“头脑影院”。

例如，当需要记忆“西湖十景”时，我们不妨将自己想象成导演，而最近我们拍摄的取景点就是西湖，这时，就可以用一段设身处地的体验和一种身临其境的感受把十个景点串起来。

可以想象大巴一抵达杭州，来接车的人竟然是著名的苏轼，我们先到苏堤漫步，漫步时抬首望见两座山峰直入云端，镜头一转来到山上，向下俯瞰是三潭印月，山上还有户人家，曲曲折折的回廊和满池荷花相映成趣，人家深处有鱼跃莺啼……如此一来，“西湖十景”就不难记忆了。

3.标签法：记忆千位数很简单

人的左右脑所分管的信息处理工作不同，左脑善于处理抽象的逻辑信息，而右脑善于处理具体的图像、情感、体验类信息，且处理速度很快。

我们说的“标签法”的原理就是通过给抽象资料贴标签，将其换成右脑处理的信息，这就好比我们的电脑，需要将信息转换成二进制运作一样。

不少数字和字母可以对应一个图像，如：数字“11”对应筷子，大写字母“D”对应竖琴或者月亮等。

标签法已经被很多学生运用到理科学习中，比如，记忆数学、化学、物理公式等。

4.缩编法：用记忆对答如流

学习中需要记忆的知识实在是太多。比如鲁迅先生的《风筝》一文的中心思想是：

（1）表达兄弟间浓浓的情意。

（2）揭露了当时社会的黑暗。

这么长一段话，可以在几秒内记忆吗？

答案是肯定的，这篇文章的中心思想，我们可以将其缩编为——“情”和“黑”。

什么情？兄弟情；什么是黑？社会的黑暗。冗长的两句话，一下子被浓缩成简单的两个字。

接着，我们来编口诀，“风、筝”是问题的关键词，而“情、黑”是答案的关键词，口诀就可以编为“让‘风’与‘情’结伴，‘黑’与‘筝’相连”，我们的眼前就会展现出这样一幅画面：风吹得别具风“情”，空中的筝是“黑”色的。这样一来，冗长的一段文字，简简单单就被我们拿下啦！

使用缩编法，让题目来帮我们记住答案，练就抓关键的技巧，用创编的口诀帮助融会贯通，再长的问题也能对答如流。

5.位置法：锁定记忆目标

入门玄关处有个“鱼缸”，由此联想到早晨去“游泳”；进客厅，落地“书橱”与“去书城买书”关联；不远处摆放着的“沙发”，又让我想到下午去“购物”；晚上“过生日”，则和家人在“电视机”前共享快乐。

这是在老师的启发下，一位学生通过位置法将一天的行程与家具锁定记忆的结果，以进门后看到的事物的顺序串起一天所做的事，这位学生笑着表示，“这样的方法既生动也方便记忆”。

很多学生对于这样的位置法记忆表现出浓厚的兴趣，尤其是一些年龄较小的学生，我们也发现，“锁定目标”的记忆方法展现出了学生们潜在的有序且大容量的记忆能力。

6.信箱法：记忆更高要求

如果没有像家具一样的实物用来想象，那么我们可以直接将要记忆的事物塞进“信箱”。

众所周知，信箱的外部通常会标上数字以作区别。同样，日常生活中的事物可以如此。有老师引导学生这样记忆看到的事物：“我们看到桌上有一个橘子，一本笔记本，一个杯子，一本台历，将它们分别扔进1~4号信箱……”没过多久，学生们就渐入佳境，能够领会这环环相扣、循序渐进的方法。“1代表桔子，3代表杯子”，很快，学生已经能倒背如流。

冥想法摒除杂念，能提升记忆效果

我们都知道，学习需要一个好的环境，这一点我们在前面已经分析过。但除此之外，我们还需要调节自身，只有摒除内心杂念，做到平心静气，才能真正投入到学习中。摒除杂念的方法有很多，冥想法就是其中一种。

任何一个学生，都会面临巨大的学习和升学压力，如何减压成为很多

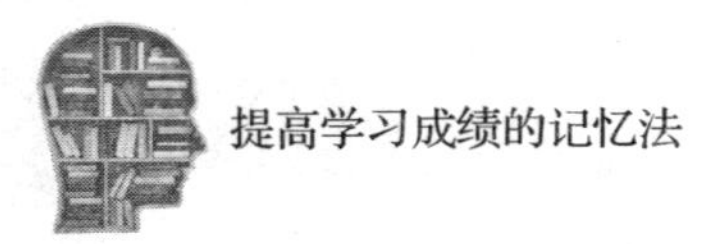

学生和家长关心的话题。

国外的媒体称，静心打坐冥想能减轻人的身心压力，有助于增强记忆。当人感觉压力大时，大脑会产生一种叫作皮质激素的物质，它会干扰大脑细胞中信息的传递，影响人的记忆力，这也是处在巨大压力中的人容易健忘的原因。而每天坚持冥想，可以使得大脑皮层里负责决策、注意和记忆的部分增厚。

冥想能给人一种内心不能接受的事实逐渐被接纳的感觉，这就好比内心有一座冰山，随着冰山的慢慢融化，我们的心也渐渐温暖起来了，渐渐欢快起来了。

哈佛大学的神经学家SaraLazar博士说：“对于你的大脑，如果你使用了其中一个部分，它就得到锻炼，也就是你的大脑要么得到锻炼，要么就废弃了，这如同我们的身体锻炼一样。”在一项研究中，SaraLazar博士对16个志愿者冥想前和冥想后的大脑都进行了扫描。正念是现在越来越受欢迎的一种冥想形式，它的目的是使冥想者专注于身体的生理感觉，将自己从糟糕的精神状态中脱离出来。这16个志愿者每周会进行一次会议，进行呼吸练习，并做一些温和的瑜伽，在那一刻，他们的思想要专注于身体的某一部分。而且他们每天被要求练习半个小时。

大约两个月后，他们的大脑结构发生了变化，比如左侧海马和一个在大脑中央的小马蹄形结构，这些都与学习、记忆以及情绪控制有关。帮助协调运动的小脑也发生了变化。而那些没有参加为期两个月的练习的人的小脑结构就没这样的变化。对此，Lazar博士说：“冥想可以刺激神经细胞，而神经细胞组成灰质形成密集的连接，使大脑成长，从而增强人的学习和记忆能力。”

对于冥想，首要的就是专注，即暂时放下所有的思绪，将一切意念集中在身体上，幻想自己置身于一个鸟语花香的美妙地方，使自己的身心得到完全的放松。大家都知道，人体的重要功能之一就是呼吸。不管什么时候，我们都要依靠呼吸来给身体传输氧气，创造能量。有些传统理论认为，呼吸可以增强生命力。每当人们面对着压力的时候，呼吸的频率就会加快。那么，假如人们有意识地放慢呼吸，结果会怎么样呢？事实证明，呼吸频率与压力水平直接相关。所以，要想缓解各种各样的压力，也可以采取控制呼吸的方法。所谓的呼吸冥想，其实就是这样的一种方式，它既能够调息，又有打坐法的成分。从某种意义上来说，呼吸冥想吸纳了打坐法和调息法的长处。

有科学研究证明，长期冥想沉思可以提高大脑的活动能力，增强人的学习和记忆能力。如果一个人进行八周的冥想训练，那么他的学习和记忆能力一定会有所提升。因为练习冥想可以帮助建立大脑中与学习、记忆以及情感控制相关的神经连接。

当然，任何运动都贵在坚持，坚持练习，才有成效。

参考文献

[1]催中红.中小学生一定要掌握的超级记忆法[M].北京：中国纺织出版社，2016.

[2]刘志华.超级记忆力训练法[M].北京：中国纺织出版社，2016.

[3]儿玉光雄.别说你记不住[M].富雁红，译.南京：江苏科学技术出版社，2014.

[4]赵晓宁.超级记忆力[M].北京：金盾出版社，2017.